무엇이 인간관계를
힘들게 하는가

무엇이 인간관계를 힘들게 하는가

펴낸날 2024년 6월 25일 1판 1쇄

지은이 장샤오형
옮긴이 정은지
펴낸이 김영선
편집주간 이교숙
책임교정 나지원
교정교열 정아영, 이라야
경영지원 최은정
디자인 바이텍스트
마케팅 신용천

발행처 ㈜다빈치하우스-미디어숲
출판브랜드 이든서재
주소 경기도 고양시 덕양구 청초로 66 덕은리버워크지산 B동 2007호~2009호
전화 (02) 323-7234
팩스 (02) 323-0253
홈페이지 www.mfbook.co.kr
출판등록번호 제 2-2767호
값 17,800원
ISBN 979-11-986326-4-7 (03190)

㈜다빈치하우스와 함께 새로운 문화를 선도할 참신한 원고를 기다립니다.
이메일 dhhard@naver.com (원고 투고)

무엇이 인간관계를
힘들게 하는가

선을 지키기 어려운 이들을 위한 관계 처방전

장샤오형 지음
정은지 옮김

이든서재

주변을 편안하게 하는
선을 넘지 않는 비결

호감 가는 사람들을 자세히 살펴보면, 모두 따뜻한 봄 햇살과도 같이 자신의 분수分數를 안다. 분수를 안다는 것은 사람 사이의 선을 넘지 않으며 안전거리를 둘 줄 안다는 의미다. 중국의 철학가이자 작가인 저우궈핑周国平은 분수를 안다는 것은 성숙함의 징표이며, 높은 사회성을 지니고 있음을 나타낸다고 말했다.

분수를 아는 사람은 특별히 열정적이거나 다정다감하지는 않지만, 말하는 방식이나 일 처리가 주변을 편안하게 한다. 그들은 상대의 상처를 건드리지 않으려고 조심하며, 타인의 인생에 이래라저래라 훈수를 두지 않는다. 이런 사람과 어울리다 보면 어느새 마음이 편안하고 보호받는 느낌을 받는다.

무엇이 인간관계를 힘들게 하는가

2천여 년 전에 공자가 말한 "급하면 일을 망친다"와 "과유불급"이 바로 분수를 아는 것이다. 한 사람의 내재된 문화적 소양과 도덕적 수양이 서서히 쌓여 가고, 열매를 맺고, 그 반짝이는 빛이 그 사람의 말과 행동에서 나타나는 것이 바로 분수를 아는 것이다. 분수를 아는 것이라는 이 '계량 단위'를 인생의 모든 삶으로 옮겨 보면 단지 예의나 정도正道, 한계를 아는 것에 그치지 않는다.

대인관계에서 존경받는 사람은 종종 분수를 아는 쪽이다. 친한 친구이든 낯선 사람이든 간에, 서로가 절차에 따라 점진적으로 상대방의 세계로 들어가야 비로소 서로의 감정이 가늘고 긴 물길처럼 뻗어 나간다. 그러나 현실에서 대부분은 친구로서 분수를 알지 못하며, 낯선 사람과 사귈 때 지켜야 하는 선을 잘 알지 못한다. 모든 사람은 독립적인 개체다. 친구의 인생에 과도하게 개입하지 말고 상대방의 선의를 당연시하지 말아야 한다.

사회성이 좋은 이들은 분수를 알기에 원칙 없이 남의 환심을 사지 않고 겉과 속이 다르지도 않다. 그들은 언제나 사람됨의 원칙과 적정선을 고수한다. 설령 상대방의 입장이 자신과 같지 않을 때도 인내심을 가지고 타인의 발언을 경청하고 존중하는 태도를 유지한다. 공통점은 취하고 다른 점은 보류하는 방식으로 서로 원원하는 방법을 찾는다. 또 이들은 적당한 선을 지킬 줄 알기 때문에 직장에서도 발전 가능성이 크다. 이들은 어떤 경우에도 상사의 체면을 지켜 주려고 노력한다. 설령 누명을 쓰거나, 상사에게 꾸중을 들어도 그들은 이성을 유지하고 냉정하게 처리하며, 감정적으로 접근하지 않는다.

어쩌면 그들은 멍청해 보일 수도 있다. 약삭빠르지 못하고 길을 멀리 돌아가는 것처럼 보일 것이다. 그러나 그들은 여전히 침착하게 자신만의 리듬을 유지하며 한 번에 한 가지 목표에 집중하고, 마지막에 '역공'한다. 동료와 경쟁할 때도 분수를 아는 직장인은 맡은 일을 우선 잘 처리하는 것에 집중한다. 그들은 동료의 영역에 쉽게 넘어가 주제넘게 일을 처리하지 않고, 동료가 맡은 일을 더 잘할 수 있도록 협조한다. 그렇다고 자신을 '다른 사람의 잘못을 대신 처리하는 대리인'이라는 '번거로운' 입장에 두지도 않는다. 직장이라는 작은 사회에서 그들의 발걸음은 굳건하고 원대한 목표를 갖고 있다.

분수를 아는 사람이 친밀한 관계를 맺을 때의 일거수일투족은 가히 본받을 만하다. 애정 전선에 문제가 생기면 그들은 자신을 돌아볼 뿐, 상대방을 비난하거나 트집 잡는 표현을 하지 않는다. 그들의 사랑에는 원칙이 있고 분수가 있다. 거만하지도 않고 비굴하지도 않으며, 너무 엄격하게 관리하지도 않고, 미적지근한 태도를 보이지도 않는다. 이것이야말로 완벽한 감정의 기초이다. 또한 이들은 절대 모난 돌처럼 행동하지 않는다. 언제나 매우 겸손하고 신중하

무엇이 인간관계를 힘들게 하는가

며 절제되어 있다. 후광이 나면서도 겸손한 자세를 취할 줄 아는 사람은 매우 적다. 사회에서 '정도를 아는 것'은 깊이 연구할 만한 태도이다.

이 책은 '실용'이라는 원칙을 기초로 대인관계, 말하는 법, 직장 관계, 연인 관계 등에 다각도로 접근하여 치밀한 논리, 생생한 사례를 통해 '분수를 알고 선을 넘지 않는 법'이 실제 삶에서 얼마나 중요한지 이야기하고자 한다. 또한 현실적이면서도 풍부한 이론을 담고 있으며 재미까지 갖췄다.

사회성을 기르기 위한 기술과 다른 사람을 대할 때 분수를 아는 법을 배우고 싶다면 이 책은 좋은 선택이라 확신한다. 이 책을 통해 '분수를 지키고 사회성을 기르는 여행'을 시작해 보자. 인생의 지혜를 터득하는 길이 보일 것이고, 그 걸음마다 깊은 깨달음이 전해질 것이다.

저자 장샤오헝

차례

Chapter 2

각자의 영역에서
조화롭게 어울리기

Chapter 3

직장생활에서 성공하는 사람들의 원칙

지혜로운 사람은 필요한 모든 것이 자기 안에 있음을 알고
나를 변화시키려 한다. 그래서 누구에게 화낼 일도 없다.
반면 어리석은 사람은 남들이 자신에게 친절하기를 기대하고,
그렇지 않으면 화를 낸다.
바람결에 던진 먼지가 자신에게 돌아오듯
불행은 불행을 저지른 이에게 돌아온다.

톨스토이

Chapter 1

안전거리를
지킬수록
가까워진다

관용과 방임 사이에 존재하는

|

명확한 경계

여러분은 혹시 잘못을 저지른 주변 사람들의 변명을 들어주고, 거듭되는 잘못에도 용서해 주는가? 항상 선량하게 다른 사람을 용서해 주다 보면 타인이 당신을 함부로 대하는 이유가 될 수 있다.

누군가는 '관용'이란 가시덤불 속에 핀 들꽃과 같아서 한 걸음 물러서서 지켜보면 자연스러운 아름다움을 완성할 수 있다고 말한다. 하지만 이는 방임과 다름없다. 방임은 사람들의 마음속에 가시덤불이 아무렇게나 자라게 하여 일의 본질을 망가뜨린다. 우리는 관용과 방임 사이에 분명하게 선을 긋고, 엄격하지만 아량이 있으며 관대하지만 격식을 지키는 방법을 알아야 한다.

관용은 도대체 무엇일까? 셰익스피어는 이런 명언을 남겼다.

"관용은 대지를 촉촉하게 적시는 가랑비와 같다. 그것은 관용을

무엇이 인간관계를 힘들게 하는가

베푸는 사람에게도 복을 주고, 관용을 받는 사람에게도 복을 준다.”

중국 현대문학의 대표 작가 모옌은 노벨문학상 시상대에 올랐을 때, '자신의 일생에서 가장 고통스러웠던 일'을 이야기했다. 그가 아이였을 때 어머니는 종종 밭에 가서 보리 이삭을 줍곤 했다. 하지만 보리밭을 지키는 사람이 수차례 어머니를 밀쳐 넘어뜨린 뒤 아무 일도 없던 듯이 유유히 휘파람을 불며 사라지곤 했다. 몇 년 후에 그들은 그때 보리밭을 지키던 사람을 다시 만났다. 그때 그 사람은 이미 백발의 노인이 되었고, 앞으로 살날이 얼마 남지 않은 것처럼 위태로워 보였다. 모옌이 그에게 다가가 당시의 원수를 갚으려 하자, 어머니가 그를 붙잡으며 이렇게 말했다.

"아들아, 나를 때린 사람은 이 노인과 결코 같은 사람이 아니다.”

모옌의 어머니는 큰 사랑으로 다른 사람의 과실을 너그럽게 용서하고 마음의 평안을 지켰다. 그러나 그저 방임하는 것은 또 다른 일이다. 방임은 다른 사람의 악행에 아랑곳하지 않고, 더 나아가 파란을 조장하는 것을 의미한다.

무서운 것은 관용과 방임이 종이 한 장 차이라는 것이다. 잣대와 경계를 잃어버리면 서서히 방종하게 된다. 그렇게 관용이 방임으로 바뀌면 셰익스피어가 말했던 부드러운 비는 홍수로 변한다.

사랑이라는 이름으로
방임하면 일어나는 일

2018년, 한 뉴스가 네티즌들에게 화제를 불러일으켰다. 30대 여성이 10년 동안 부모와 함께 살면서 주거 및 생활비에 해당하는 모든 비용을 그녀의 부모가 책임지도록 했다. 기자는 취재 과정에서 이 여성의 가정환경은 여느 가정과 비슷했지만, 딸을 향한 부모의 과도한 애정이 결국 그녀를 게으르고 무책임한 사람으로 만든 것을 발견했다. 그녀는 대학을 졸업한 후 일하는 것이 귀찮고, 월급이 너무 적다고 불평하면서 아예 집에서 무위도식하며 자신의 방에 처박혀 게임만 하며 지냈다.

10년간 노부부는 여러 차례 노심초사하며 딸을 타일렀지만, 그녀는 말을 듣지 않았다. 한번은 다소 강하게 딸을 질책하자 부모에게 욕설을 퍼부으며 목숨을 끊겠다고 한바탕 소란을 피웠다. 그녀는 그야말로 노부부의 골칫거리였다. 하지만 노부부는 기자에게 이런 변명만 늘어놓을 뿐이었다. "어쩔 수 없어요. 한 명 있는 딸, 아이가 원하는 대로 해 줘야지요. 우리가 좀 더 고생하는 수밖에요." 기자는 쓴웃음을 지으며 고개를 가로저으면서 "두 분이 계속 방임하면 결국 딸의 인생은 엉망이 될 겁니다."라고 말했다. 이처럼 반드시 지켜야 할 경계를 포기해 버리면 선을 지킬 수 없게 된다.

이와 유사한 사례는 미국 가정에서도 찾아볼 수 있다. 한 남자가

무엇이 인간관계를 힘들게 하는가

몇 해 전 실직해 부모님의 집에서 무위도식하며 폐인처럼 살았다. 그의 부모는 더 이상 참을 수 없어 아들에게 여러 번 독립을 재촉했다. 하지만 그는 부모의 말을 무시해 버렸다. 아들의 무기력한 모습을 참지 못한 부부는 뉴욕주 최고법원에 아들을 고소했다. 결국 이 미국 남성은 법원의 판결에 따라 어쩔 수 없이 집을 떠나 자신의 힘으로 먹고살아야 했다. 몇 년 뒤, 완전히 자립한 그는 몇 년 전 집에서 쫓겨난 경험을 이야기하면서 부모에게 깊은 감사를 느낀다고 말했다.

원칙이 없고 경계가 없는 관용은 곧 방임이다. 이것은 결국 상대방의 삶을 개선하지 못하고 악화시킨다. 만약 정말로 상대방을 생각한다면 반드시 '사랑은 엄한 것이고, 경계 없는 관용은 해롭다'는 원리를 이해해야 한다. 관용에 적절한 분수를 설정하고, 넘치는 동정심에 명확한 선을 그어야만 한다. 그렇지 않으면 결국 타인에게 해를 끼칠 수밖에 없다.

맞춰 준다고
우정이 커지는 건 아니다

결혼, 대인관계 혹은 직상에서도 마찬가지다. 사랑한다는 이유로 그저 잘못을 방임하며 봐주다 보면 진흙탕에서 빠져나오지 못한다.

이로 인해 그저 당신의 사랑은 값싼 것으로 치부될 뿐이다. 상대방은 당신의 관용과 선량함을 자신이 아무렇게나 써도 되는 카드로 여길 것이다. 이제 밑도 끝도 없는 관용을 거두어라. 절대 사랑이란 이름으로 방임해서는 안 된다.

친구와 어울릴 때도 지나치게 관용하거나 맹목적으로 상대에게 맞춰 준다고 진정한 우정이 이뤄지는 건 아니다. 진정한 친구라면 당신이 잘못을 저질렀을 때 직언을 해 줄 것이다. 진심으로 당신을 생각하는 친구라면 당신이 교만하거나 자만할 때 더욱 날뛰도록 조장하는 것이 아니라 적절한 시기에 일깨워 줄 것이다.

직장에서도 동료나 부하 직원들에 대한 지나친 관용은 양쪽이 함께 망하는 상황을 초래할 뿐이다. 동료의 근무 태만을 모르는 척 넘긴다면 결국 팀 프로젝트의 진행 속도가 늦어져 회사 전체에 손해를 끼칠 수 있다. 회사의 규칙과 제도를 제멋대로 따르지 않는 부하 직원을 본체만체하고 방임하면 결국 인사 위기로 비화할 수 있다.

관용이라는 허울 아래 상대방의 지나친 언행을 계속 묵인하면 '좋은 사람'이라는 당신의 평판은 갈수록 신뢰를 잃게 될 것이다. 그렇게 오랜 시간이 흐르면 당신의 위신은 처참하게 무너진다. 원칙도 없이 다른 사람을 관용해서는 안 되며, 아무렇게나 방임해서도 안 된다. 이는 스스로 인생을 망치는 것과 다름없다.

무엇이 인간관계를 힘들게 하는가

이는 자기 자신에게도 해당되는 말이다. 어떤 생활 방식을 선택하든 자신에게 너무 관대해선 안 된다. 즐기며 산다는 이유로 절제되지 않은 생활 태도로 일관하면 건강을 해치게 된다. 허송세월하며 놀기만 좋아한다면 영혼은 점점 공허해질 뿐이고 인생의 길은 갈수록 좁아질 것이다. 관용과 방임 사이에 명확한 경계가 없으면 시시비비를 분별하지 못하게 되고, 잘못된 행동을 부채질하며 다른 사람에게 해만 끼치게 된다. 관용에는 반드시 원칙과 선이 있어야 하는 것이다.

관계의 어긋남은

쉽게 속을 보이는 것에서 시작된다

영화 〈네 번의 결혼식과 한 번의 장례식〉에 이런 장면이 나온다.

친구의 결혼식 피로연에 참석한 남자 주인공 찰스에게 객석에 있던 지인이 술잔을 들고 다가와 말을 걸었다. 심심하던 차에 아는 사람을 만난 찰스는 쉴 새 없이 잡담을 나눴고 본인이 느끼기에 분위기가 꽤 좋다고 생각했다. 신이 난 찰스는 갑자기 지인에게 "여자 친구는 잘 지내요?"라고 물었다. 상대방은 미소를 지으며 말했다. "그녀는 이제 내 여자 친구가 아니에요." 찰스는 실언했다는 걸 깨닫고 미안해하며 상대방을 위로했다. "기운 내요. 사실 그녀가 토비와 부적절한 관계라는 걸 모두 알고 있었죠." 그 말을 들은 지인의 얼굴이 붉어질 줄 누가 알았을까? 그는 주먹을 불끈 쥐며 "그녀는 이미 내 아내가 되었어요."라고 말했다. 찰스는 상대방을 감히 쳐다

무엇이 인간관계를 힘들게 하는가

볼 수 없었고 당황해서 무슨 말을 해야 좋을지 알 수 없었다.

사실, 사교 자리에서는 일정 정도 친분이 쌓이지 않으면 반드시 신중하게 행동해야 한다. 찰스가 만약 만난 지 얼마 안 된 사이일 때 깊은 이야기를 하면 안 된다는 이치를 알았다면 아마 이런 난처한 상황에 빠지진 않았을 것이다.

우리 주변에는 이런 사람들이 적지 않다. 평범한 친구 사이이거나 심지어 처음 만났을 뿐인데 당신 앞에서 끊임없이 다른 사람 이야기를 한다. 예를 들면, "당신의 그 동료는 사생활이 좋지 않아요."라는 식이다. 심하게는, 친하지도 않은데 당신의 사생활을 캐묻는 사람도 있다. "당신 남편은 직업이 무엇인가요?", "아이는 언제 낳아요?", "남자 친구랑 언제 결혼해요?"라는 질문을 던진다. 그들은 당신의 절친한 친구, 오래된 지인이라고 생각하며 묻는 말이지만, 당신의 얼굴에는 불편한 기색이 생기기 마련이다.

공자는 "더불어 말할 만한데도 말하지 않으면 사람을 잃을 것이고, 더불어 말하지 않아야 할 때인데도 말을 하면 말을 잃는다. 지혜로운 사람은 사람을 잃지도 않고 말을 잃지도 않는다."라고 했다. 인간관계를 맺을 때 말에 정도가 없고 쉽게 속 깊은 이야기를 하는 것은 감성지수가 낮다는 방증이라고 했다.

관계는 서서히
시간을 들여서

어떤 사람들은 대화가 잘 통하는 새로운 친구를 만나면, 끊임없이 자신이 경험한 크고 작은 재미있는 일들을 떠벌린다. 어떤 때는 실수로 '가문의 흑역사' 또는 프라이버시를 말하기도 한다. 또 슬프고 힘들 때 사람을 만나면 자신의 어려움을 호소하게 된다. 그러면서 주변의 모든 사람이 자신의 처지를 동정하길 바란다.

우리는 이런 것이 솔직하고 진솔한 성격이라고 생각하지만, 실제로는 오히려 자신의 사교 생활에 지뢰를 묻는 것과 다름없다. 모든 관계는 변화한다. 점에서 면으로, 얕은 곳에서 깊은 곳으로, 표면적인 관계에서 깊은 곳으로 친밀하게 발전한다. 관계가 깊어지기까지는 시간이 필요하며, 너무 열정적으로 다가가면 오히려 친분을 유지하기가 어렵다.

만난 지 얼마 되지 않았을 때 함부로 마음속 비밀을 이야기하거나, 혹은 면전에서 다른 사람의 이야기를 하는 사람을 보면 입이 가볍다는 인상을 받는다. 속으로는 그 사람을 믿지 못할 것이다. 그가 오늘은 자신의 비밀을 이야기했지만, 내일은 당신의 비밀을 이야기할 수도 있기 때문이다. 그 외에도 이렇게 '속마음을 터놓는' 데에 다른 목적이 있는 건 아닌지 의심이 들 수 있다.

무엇이 인간관계를 힘들게 하는가

대만의 유명 사회자인 차이캉용蔡康永의 경험담이다. 어느 날 그녀는 친구를 만나 이야기를 나누던 중 "남편은 잘 계시죠?"라고 물었다. 사실 그 친구와 그리 친하지 않아서 남편과 이혼 중인 것을 알지 못했다. 친구는 차이캉용이 자신의 치부를 캐내려고 하거나 비아냥댄다고 생각했는지 그날부터 그녀를 멀리하기 시작했다. 그 후 차이캉용은 "친한 친구끼리 이야기를 할 때면 깊은 이야기도 충분히 재미있다. 하지만 너무 급하게 깊은 대화를 할 필요는 없다. 충분히 친해진 뒤에 해도 된다."라고 말했다.

차이캉용은 친하지 않은 사람과 이야기를 나눌 때, 상대방의 경제 상황, 요즘 기분, 심지어는 건강 상태 같은 화제는 먼저 꺼내지 않는 것이 좋다고 조언한다.

말을 꺼내면 다툼이 일어날 법한 주제나 상대방이 분명히 강경한 입장을 보이는 화제 역시 조심스럽게 피해야 한다. 예를 들면, 상대방의 정치이념이나 신앙에 대해 함부로 공격하거나 혹은 논하지 말라는 것이다. 이 밖에도 처음 만나는 사람과 인생관이나 가치관에 관한 이야기를 하는 것도 썩 좋지 않다. 만약 서로 비슷한 가치관과 취향이 있다면 이야기는 순조롭게 흘러갈 것이다. 하지만 차이가 있다면 말문이 막혀 버린다.

모든 사람의 생각이 다 내 손바닥 안에 있다고 착각하지 마라. 청산유수처럼 유창한 말솜씨도 상대방에겐 따분하게 느껴질 수 있고,

인생관 또한 다른 사람이 보기에 언급할 가치가 없을 수 있다. 따라서 대화를 나눌 때 정도를 지키는 것이 중요하다. 게다가 쉽게 깊은 속내를 나눈다면 당신의 '신비감'이 사라질 수 있다. 서로에 대한 흥미와 관심사로 관계가 진척되어 갈 시점에는 신비감을 유지해야 상대방이 당신에게 더 깊은 관심을 보인다. 처음부터 가감 없이 자신을 드러내는 것은 관계가 깊어지는 데 유익하지 않다.

감성지수가 높은 사람은 인내심을 발휘해 주변을 세심하게 보살피며 관계를 맺는다. 그래서 관계 속에서 많은 열매를 맺고 꽃을 피운다. 그러므로 새로운 친구에게 신뢰를 얻으려면 절대 조급해하지 말고 침착하게 대화를 나눠야 한다. 너무 많은 말을 하면 실수하기 쉽고, 매력은 반감될 것이다. 깊은 속내는 언제나 친해진 뒤에 꺼내라. 서서히 감정을 키워가고 관계가 친밀해지면 자연히 깊은 대화를 나눌 기회가 생긴다.

독단적인 언어는

|

'독약'과도 같다

"지금 집을 사고 싶다고? 난 분명 경고했다. 지금 집을 사는 사람은 모두 얼빠진 놈이라고!"

"생일날 남자친구가 겨우 팔찌 하나만 사 줬다고요? 정말 너무 인색하네요. 분명 인성에 문제가 있을 거예요!"

"대학원을 준비하세요? 이렇게 노는 데 정신이 팔려 있으면 분명 시험에서 떨어질 테니까, 일찍 취업해서 돈 버는 것이 나을 거예요."

우리 삶에는 융통성 없이 문제를 바라보고 과격하게 주장하거나 독단적인 사람이 비일비재하다. 이들은 입만 열면 '당연히', '분명히', '반드시'라는 단어를 써 가며 자신의 견해만이 옳다고 주장한다. 마치 자신은 모르는 게 없고 못 하는 것이 없는 것처럼 행동한다.

사실 이런 사람은 언제나 기세등등하지만, 따져 보면 그다지 실력이 출중하진 않다. 이렇게 자신의 분수를 알지 못한 채 자신의 우월감만 뽐내다 보면 반감과 혐오만 초래할 뿐이다. 이로 인해 이들의 인간관계의 폭은 갈수록 좁아지고 결국에는 홀로 남게 된다.

대화하는 과정에서 독단적으로 말하는 것은 일종의 '독약'과 같다. 절대로 의견이 분분하고 정답이 없는 문제를 두고 왈가왈부하거나 상대에게 나의 뜻대로 행동해 주기를 요구하지 마라. 그렇지 않으면 다른 사람에게 남을 조종하려 하는 매몰차고 까칠한 사람이라는 인상을 남기게 된다.

미국의 저명한 정치가인 프랭클린은 젊었을 때 공공장소에서 장황하게 자신의 주장을 늘어놓으며 큰소리치기를 좋아했다. 다른 사람과 답이 없는 문제를 논할 때는 항상 상대의 관점은 하나도 옳은 것이 없다고 폄하했다. 그리고 자신의 입장이야말로 진리와 같이 굳건한 것이라고 여겼다. 그의 말은 사람들에게 상처를 주었고, 갈수록 그의 담론을 듣고 싶어 하는 사람이 줄어들었다.

어느 날 프랭클린은 모든 사람이 자신을 피한다는 것을 깨달았다. 그가 입을 열 때면 사람들은 모두 침묵하며 고개를 돌려 하던 일을 했고, 그의 말에 아무 반응이 없었다. 그렇게 그는 자신의 말하는 방식에 문제가 있다는 것을 깨달았다. 그 이후로 프랭클린은 자신의 의견을 전부 의문과 의논의 어조로 바꾸었다. 그의 어투는 더 이상 날카롭지 않았다. 그리고 그는 다시는 모두에게 반드시 그의 관점을 받아들이라고 강요하지 않았다. 이후로 사람들은 차분하게 그의 말을 받아들일 수 있게 되었다. 말투를 바꿈으로써 프랭클린은 정치계에서 승승장구할 수 있었다.

불확실한 문제에 독단적으로 말하지 마라

일상적인 교제 중에 자신이 직접 경험하지 않았거나, 인과관계를 잘 모르거나 의문점이 있는 문제에 대한 견해를 발표할 때는 적절한 단어를 선택하고, 정확하게 분수를 지키며 말을 해야 한다. 무엇보다 '항상', '절대', '전부' 같은 단어를 사용하지 않는 것이 좋다. 대신 '조금', '어떨 때', '부분적으로' 등의 단어를 쓰거나 '지금 상황으로 봤을 때', '그냥 제 개인적인 생각인데요, 틀릴 수도 있습니다', '제 입장은 이렇습니다' 등의 문장을 사용하라.

다른 사람에게 의견을 제시할 때도 너무 편파적이거나 독단적이면 안 된다. 일반적으로 사람들은 반대 의견을 들었을 때, 대부분 더 많이 들어보고 살펴본 뒤에 판단하려고 한다. 절대 말을 단호하게 해서 다른 사람의 생각할 여지를 빼앗으면 안 된다.

되도록 완곡한 어조로 그것이 단지 개인의 생각, 혹은 몸소 겪은 사실임을 분명히 밝히고, 꼭 정확한 것은 아님을 말해야 한다. 혹 상대방은 당신과 다른 경험을 가지고 있을 수도 있다. 그럴 때는 많이 생각하고, 비교해 보라고 해야 한다.

한 네티즌이 자신의 고민을 게시글로 올렸다. "왜 제 동료들은 모두 저랑 얘기하면 마음이 많이 불편하다고 말할까요? 저는 아주 진지하게 그들에게 조언을 해 주었는데 말이죠."

예를 들어 이런 일이다. 한 동료가 그녀에게 "예뻐지고 싶은데 살을 빼면 나아질까?"라고 물었다. 그녀는 다이어트보다 피부 레이저 시술을 받아 보라고 제안했다. 그 제안에 동료는 의료적 수단을 쓰고 싶지 않고 살을 뺀 뒤에 생각해 보겠다고 말했다. 그렇게 몇 차례 말을 주고받다가 결국 그녀는 동료의 뒤통수에 대고 이런 말을 던졌다. "살을 빼도 예뻐지지 않을 거예요. 분명 후회할 거예요."

이 같은 그녀의 고민에 "당신은 올해 제가 만난 사람 중 가장 분수를 모르는 사람이네요.", "제가 봤을 때 힘든 것은 당신의 동료였을 것 같네요.", "자신감이 너무 과하네요. 자기만 맞는다고 생각하다니 말이에요."라며 그녀의 태도를 지적하는 많은 댓글이 달렸다.

말하는 것이 과격하고 독단적이며 상대방의 기분은 아랑곳하지 않고 그저 '직언으로 권고하는 것'은 의심할 여지 없이 분수를 알지 못하는 행동이다. 이 밖에도 일단 상대방의 잘못을 발견하면 바로 "어떻게 이런 어처구니없는 실수를 하니? 정상인이라면 절대 이런 실수는 할 수 없을 거야!"라고 말하는 것은 상대방의 자존심을 다치게 할 뿐이다. 분수를 알면 알수록, 아는 것이 많을수록 더욱 말을 조심하게 된다. 배운 것이 없는데 아는 체하는 사람은 말을 더 독단적으로 한다.

누군가의 인품을 마음대로 판단하는 것은 어리석은 짓이다. "발전 가능성이 없다.", "성실한 사람은 절대 아닐 거야.", "미래에 분명 성공할 거야." 등 분수를 아는 사람은 이렇게 단순하고 거친 말로 한 사람을 긍정하거나 부정하는 것을 피한다. 섣부른 판단은 결국 자신의 뺨을 때릴 수 있기 때문이다. 당신도 분명 그런 진퇴양난의 상황에 빠지고 싶진 않을 것이다.

대화를 할 때 이런 말을 많이 사용하라. '때론', '어떤 사람은', '내 생각에는', '아마도'와 같은 표현 말이다. 특히 일의 진상이 밝혀지지 않았거나 문제가 광범위하게 얽혀 있다면 절대 도를 넘는 말을 하지 마라. 다른 사람에게 의견을 제시하거나 평가할 때도 최대한 부드럽고 함축적이며 겸손하고 절제된 표현을 사용해야 한다.

따뜻한 비판은

|

하나의 예술이다

혹독하게 비판한다고 해서 말에 권위가 생기는 건 아니다. "혹시 정신이 어떻게 된 거 아니니?", "어떻게 이렇게 멍청한 실수를 할 수 있니?" 이런 비판은 너무 가혹해서 예의에 어긋날 뿐만 아니라 역효과마저 초래한다.

중국의 저명한 교육가인 도행지陶行知는 "비판할 때는 방법이 중요하다. 비판은 하나의 예술이며, 그것을 잘 사용한다면 칭찬보다 더 유용하다."라고 말했다. 비판은 단순히 가시 돋친 말을 하거나 감정을 발산하는 것을 의미하지 않는다. 비판의 핵심은 소통하고 인도하고 함께 발전하는 데 있다. 부드러운 태도를 유지하고 도리에 맞게 비판을 하는데 어느 누가 받아들이지 않겠는가?

무엇이 인간관계를 힘들게 하는가

신랄한 비판은
감정 대립만 일으킨다

영국의 행동학자 포터Lyman W. Porter는 "사람들이 심한 비판을 받았을 때 보통 첫 장면만 기억할 뿐 나머지는 억울해하며, 근거를 찾아서 당신의 비판에 반박하려 한다."라고 말했다. 당신이 진정으로 전하고 싶은 뜻은 제대로 듣지 못한다는 것이다. 이처럼 너무 신랄하게 비판할 경우 상대방과 감정적 대립만 일으킬 뿐이다.

당신은 심하게 비판할수록 권위를 세울 수 있고, 규칙과 제도의 중요성을 나타낼 수 있다고 생각할지 모른다. 하지만 사실 그것은 상대방의 자존심을 상하게 하고, 그들의 적극성에 상처를 내어 상황을 더욱 악화시킬 가능성이 크다.

우리는 자주 서슬 퍼런 또는 고압적인 태도로 잘못을 저지른 사람을 대한다. 상대의 반응은 고려하지 않고 자신의 관점을 받아들이라고 강요한다. 이것은 오히려 갈등을 키울 가능성이 크다. 진정으로 분수를 아는 사람은 상대방의 감정을 충분히 이해한 상태에서 역지사지로 생각하며 합리적인 제안을 한다.

좋은 말이라고 해서 꼭 귀에 좋게 들리는 것은 아니다. 다만 우리가 분명하게 뜻을 밝히는 동시에, 살짝 더 부드럽고 따뜻하게 말하면 목적을 달성할 수 있다. 예를 들면, 당신은 암시하거나 에두르는 방식으로 상대방에게 그의 언행에 문제가 있음을 알려줄 수 있다.

때로 비판하기 전에 먼저 칭찬으로 워밍업을 하는 방법도 좋다. 심지어 비판 대신 칭찬으로 상상치 못한 결과를 얻을 수도 있다. 마치 이발사가 손님의 수염을 깎기 전에, 비눗물을 발라서 수염이 깎일 때의 고통을 느끼지 못하게 하는 것과 같다. 비판하기 전에 하는 칭찬의 효과는 마치 비눗물과 같은 효과를 낸다.

아프리카의 대초원에서 생활하는 바벰바족은 지금까지도 여전히 오래된 독특한 비판 의식을 유지하고 있다. 만약 누군가가 잘못을 저지르면 족장은 먼저 그에게 마을의 중앙에 서 있으라고 명령한다. 소식을 들은 모든 부족 사람들은 잘못을 저지른 사람을 겹겹이 에워싼다. 그리고 그들은 '비판' 대신 '칭찬'이라는 비장의 무기를 통해 잘못을 저지른 이를 가르친다.

먼저 나이가 많은 사람부터 이야기를 시작한다. 백발이 성성한 노인들이 잘못을 저지른 사람이 일찍이 부족을 위해 애썼던 일을 처음부터 끝까지 진술한다. 이 이야기를 들은 당사자는 장점이 길어질수록 양 볼은 빨갛게 상기되고, 고개를 숙이며 쥐구멍에라도 들어가고 싶은 심정이 된다. 노인들이 말을 다 하고 난 후에는 중년, 그리고 젊은이, 그다음에 어린아이의 순서로 진행된다. 말할 때도 규칙이 있다. 사실을 과장해서는 안 되며, 다른 사람이 말했던 장점을 반복해서도 안 된다. 또 부드러운 어조로 말을 하고 얼굴에

무엇이 인간관계를 힘들게 하는가

는 따뜻한 미소를 머금고 있어야 한다.

이것은 잘못한 사람에게 잘못을 명심하고 자신을 돌아보는 마음의 여정이나 다름없다. 빈정거리고 추궁하는 식의 비판은 체면을 중요시하는 사람에게 혹독한 고문과 같다. 비판에 설탕 옷을 씌워 교묘한 암시와 감칠맛 나는 이야기 속에서 당신의 선한 의도를 깨닫게 하라. 그래야 당신의 말에 매력이 생긴다.

과도한 열정은

오히려 독이다

　회식이나 동료와의 모임 등에서 이런 사람을 한 번쯤 만난 적이 있을 것이다. 누군가를 곁에 두고 "이 사람은 내 형제나 마찬가지야. 한 번에 친해졌지."라고 말하고 나서 또 다른 사람을 붙잡고는 "형님, 제가 한잔 따를게요."라고 하는 사람 말이다. 이런 사람들과 대화를 나누다 보면 시를 읊다가 인생 철학을 이야기하고, 어린 시절의 추억부터 노년 계획까지 떠들어댄다. 이들의 이러한 지나친 열정은 종종 상대방을 당황하게 만들고, 얼른 자리를 벗어나고 싶게 한다.

　대인관계에서 열정은 당연히 필요한 요소다. 열정과 얼굴에 띤 미소는 따뜻한 포옹처럼 사람들에게 신뢰와 사랑을 보내는 긍정적 신호다. 공자는 "친구들이 멀리서 오면 즐겁지 아니한가?"라고 말

　　　　　　　　　　　　　무엇이 인간관계를 힘들게 하는가

했다. 대부분 상대방에게 친절하고 열정적인 인상을 남기고 싶지, 냉담하다는 불평을 듣고 싶어 하진 않는다.

그러나 처음 본 사람에게 쉽게 호형호제를 하며 친분을 쌓으려 하는 것은 선을 넘는 일이다. 현실적으로 사람들은 이런 열정을 좋아하거나 받아들이지 않는다. 대부분은 지나치게 열정적인 사람을 볼 때 열정이란 가면 아래 다른 꿍꿍이가 있다고 생각해 경계심을 품는다.

만약 당신이 길을 걷는데 어떤 낯선 사람이 친절하게 다가와서 적극적으로 호의를 표한다면, 어떤 생각이 들겠는가? 만약 가깝지도 않은 사람이 갑자기 웃는 얼굴로 다가온다면 또 어떤 생각이 들겠는가? 당신의 머릿속에서는 요란하게 비상벨이 울릴 것이다. '이 사람은 사기꾼일까, 아니면 영업자일까?', '나한테 뭔가 바라는 게 있나?'라는 생각이 든다. 게다가 내성적인 사람들은 이러한 지나친 열정을 만나면 어쩔 줄 몰라 쩔쩔맨다.

대인관계에서 선을 넘지 않는 것

열정이 지나치면 일종의 부담이 될 수 있다. 두서없이 표현하는 '친한 척'은 종종 원래 정상적으로 나누던 대화까지 '어렵게' 만들 수 있다. '친한 척'하는 사람은 종종 사람들에게 겉으로는 친화력이 좋아 보이지만 실제로는 제멋대로라는 인상을 준다. 더러는 "사람을 만나자마자 가까워지는 것은 특별한 미덕이 아니라 대인관계의 선을 넘는 것이다."라고 말한다. 대인관계에서 선을 지키는 방면에 뛰어난 사람들은 바로 일본인이다.

일본 문화에는 '간間'의 개념이 존재한다. 이는 간격과 공간을 뜻한다. 일본인은 이 영향을 받아 사람들과 일정한 거리를 두는 것을 좋아하고, 말할 때도 분수를 지켜서 외람되거나 당돌하다는 느낌을 주지 않는다.

한 여자가 주변의 일본 친구에게 물었다. "당신이 중국에 온 지 꽤 오래되었는데, 중국의 어떤 점이 가장 적응이 되지 않나요?"

일본 친구는 잠깐 생각하더니 "저는 중국의 맛있는 음식을 매우 좋아하고 옛 건축물을 좋아하지만, 한 가지 적응이 안 되는 것은 중국 택시 기사님들의 수다예요. 베이징에서 특히 두드러지는 것 같아요."라고 말했다.

여자가 웃으며 말했다. "북경 사람들은 친화력이 좋아서, 때때로 그들이 혼자서 막 수다를 떨면 저도 당해낼 수 없어요." 일본 친구는 고개를 끄덕이며 말했다. "맞아요. 중국의 기사님들은 정말 열정적이어서 매번 당황스럽더라고요." 이어서 그녀는 "일본의 기사님들도 친절하긴 해도 가정 형편이나 직장 상황 따위를 먼저 묻지는 않아요."라고 말했다.

무엇이 인간관계를 힘들게 하는가

'친화력이 좋은' 사람들은 '내 것', '네 것'을 크게 구분하지 않는다. 그들에겐 모든 것이 '우리의 것'이다. 그들은 사람들과 어울릴 때 공간을 충분히 두는 법을 알지 못해서 종종 주변 사람들을 곤혹스럽게 한다. 당신이 휴대전화로 문자를 보내고 있는데 어떤 내용을 보냈는지 보려고 다가오거나, 동의한 적이 없는데도 당신의 물건을 함부로 쓰거나, 가방 안에 무슨 물건이 들어 있는지 뒤적이는 사람들이 있다. 살면서 걸핏하면 호형호제하고 아무 일이 아닌데도 아첨하는 사람을 만난다면 반드시 입장을 분명히 해서 상대방의 값싼 열정에 쉽게 끌려가지 말아야 한다.

기억해라. 첫 만남에서부터 자신의 선이 어디인지 확실히 보여주고 완곡하게 상대방에게 불편하다는 것을 알려 주어라. 만약 상대방이 불합리한 요구를 할 때는 단호하게 거절해야 한다. 지나치게 열정적인 사람들에게 속아 넘어간 많은 사람은 상대방이 거리낌 없이 다가오거나 지나친 요구에도 거절을 못하며 스트레스를 받곤 한다.

불필요한 열정은 다른 사람에게 폐만 끼칠 뿐이다. 당신이 아무리 친한 척 '오빠', '형님'이라고 불러도 상대방이 당신과 호형호제하고 싶은지 아닌지의 의사가 중요하다. 이른바 "군자의 사귐은 맑기가 물과 같다."라는 장자의 말처럼 사람과 사람 사이의 간격을 잘 파악해야만 비로소 분수를 알고 지혜롭다고 말할 수 있다.

능숙한 토론자의

|

간결한 설득법

토론 프로그램을 보면 토론자들이 시청자의 지지를 얻기 위해 갈수록 큰 소리를 내면서 빠르게 말하며 열변을 토하는 것을 관찰할 수 있다. 하지만 사실 유능한 토론자는 긴말을 하지 않는다. 오직 간단 명료한 말로 상대 토론자의 모든 이치를 '반격'하고, 장황한 논설을 무색하게 만든다. 이것은 큰소리로 길게 말한다고 설득력이 생기는 것이 아님을 알려 준다.

일상에서는 어떨까? 쌍방의 감정이 격해질 때, 자신도 모르게 언성을 높여 상대방을 강하게 누르려고 한다. 그러나 분수를 아는 사람은 말의 힘이 그 내용이 진리인지에 달려 있지, 목소리 크기에 있지 않다는 것을 안다. 물론 우리가 상대방과 다른 관점을 가지고 있을 때, 목소리를 높이는 것은 확실히 자신의 입장을 표현하고 말에 힘을 더하는 데 도움이 된다. 하지만 우리가 추구해야 하는 것은 자신의 생각을 더 잘 표현하는 것이지, 단지 상대방을 압도하는 것이 아니다.

사람들은 감정이 격해질 때, 소리가 클수록 이성을 잃기 쉬워서 주워 담을 수 없는 말을 내뱉고 만다. 듣는 사람의 관점에서 보면, 타인의 날카로운 목소리는 소음일 뿐 그 속에 담긴 이치는 집중해서 경청하기가 매우 어렵다. 그러니 말을 할 때는 반드시 평온한 태도를 유지해야 한다. 말의 속도는 적당해야 하며, 목소리를 높여야 할 때는 높이고 낮출 때는 낮추는, 모든 것이 적절해야 한다.

자신 없음을
큰 목소리로 감출 뿐이다

"인생을 어떤 태도로 살아야 하는가"라는 주제로 A와 B가 토론을 했다. 토론 중에 A는 다급해져서 큰 소리로 말했다.

"사람은 마땅히 자연의 이치에 따라야 합니다!"

B는 그의 생각에 동의하지 않았다. 그 또한 약간 흥분하여 큰 소리로 무엇인가를 말하려다가 잠깐 멈춰 고심하더니 입가에 미소를 지었다. B는 평정심을 되찾고, 천천히 이렇게 말했다.

"만약 제가 정말로 자연의 이치를 따라간다면 먹고 싶은 음식을 배불리 먹고, 다 먹은 뒤에는 소파에 누워 오후 내내 잠을 자고, 일어난 뒤에 다시 먹고, 먹고 나서 또 잘 것입니다. 만약 아무것도 쟁취하려 하지 않는다면, 그냥 이렇게 살게 되겠지요."

그의 말은 부드러웠지만 매우 호소력이 있었다.

온화한 모습으로 예절을 지키면서, 이치에 맞는 말로 자신의 입장을 빈틈없이 견지하는 것이 '고음 나팔'을 들고 사방에서 큰 소리로 소란을 피우는 것보다 훨씬 유용하다.

아무리 상대방과 의견이 달라 다툰다 해도 큰 목소리로 억누르면 안 된다. 이른바 "이치가 있으면 세상을 구석구석 다닐 수 있다."라는 말처럼 자신의 생각과 방법이 일리가 있다면 다른 사람의 힐난은 두렵지 않다. 목소리 큰 게 무슨 의미가 있는가? 상대방은 당신이 큰 목소리로 자신 없는 마음을 감추고 있다고 생각할 것이다. 싸움의 승패는 '이치'에 따라 결정된다.

살면서 피하고 싶은 것은 으르렁거리는 방식으로 소통하는 것이다. 상대방을 자기 생각에 따르게 하려고 으르렁거릴수록 더욱 히스테리를 부리게 된다. 당신이 아무리 크게 소리쳐도 상대방은 당신의 분노나 격한 흥분만 느낀다. 당신의 과격한 감정은 상대방으로 하여금 자신을 보호하게 만들 뿐, 당신이 도대체 무엇을 말하려고 하는지 생각해 볼 여지를 없앤다.

무엇이 인간관계를 힘들게 하는가

감정이 격앙되어 있을 때일수록 예의로 다투고 이치로 토론해야 한다. 솔직하게 말하면서 침착하게 자신의 입장을 주장하고 이치를 설명하면 상대방을 설득시키는 데 더욱 유리하다.

상냥하고 다정하게

거절하는 법

막 퇴근하려는 찰나에 상사가 한 무더기의 서류를 건네며 정리해 달라고 한다. 아직 일이 끝나지 않았는데 사장이 또 새로운 업무를 건네준다. 주말에 쉬고 싶은데 친한 친구가 쇼핑을 같이 가자고 한다.

살면서 우리는 책임지고 싶지 않은 요구를 마주하며 어떻게 거절해야 할지 몰라 당황한다. 하고 싶지 않은 일을 거절하면서도 어떻게 상대의 감정을 상하지 않게 할 수 있을까?

거절할 일이 있을 때 강하고 딱딱한 어조로 말하면 상대방을 난감하게 할 수 있다. 나중에 그 사람에게 부탁할 일이 없으리라는 보장도 없다. 반대로 말을 부드럽게 실수 없이 한다면, 비록 거절하는 내용이라고 하더라도 상대방은 차분하게 받아들일 것이다. 완곡하게 말하면서 앞으로 있을지 모를 기회의 문틈을 열어 두는 것이다.

분수를 아는 사람들은 모두 거절의 예술을 잘 알고 있다. '동의한다', '함께 하겠다'는 말보다 거절에는 더 많은 에너지가 들고, 더 많은 기술이 필요하다. 바로 이런 기술이다. 먼저 긍정한 후에 다시 부정하는 동시에 이유를 설명하는 것이다.

중국의 고전 소설 『홍루몽』에서 임대옥이 외숙모를 찾아갔을 때 외숙모가 저녁을 먹고 가라고 하자, 대옥은 "외숙모의 뜻은 잘 알겠지만, 지금은 둘째 외삼촌을 뵈러 가야 합니다. 선물을 받았는데 인사를 드리지 않으면 예의가 없지 않겠습니까. 다른 날에 다시 와서 식사하겠습니다. 양해해 주시기 바랍니다."라고 말했다. 이 말을 들은 외숙모는 속으로 조카가 매우 교양이 있다고 생각했다.

이는 들어주기 곤란한 요구를 해올 때 먼저 상대방의 뜻을 존중한 뒤 자신이 거절하는 이유를 말해야 하는 것을 잘 보여 주는 장면이다. 먼저 감사를 표현한 다음 거절하면 상대방은 기꺼이 이해해 줄 것이다.

부드럽고
선한 말투로 거절하라

우리는 다른 사람의 말을 빌려 자신의 진심을 전할 수도 있다. 예를 들어, 한 아이가 자신의 방을 온통 하늘색으로 페인트칠하는 것이 싫어 엄마에게 이렇게 말했다.

"엄마, 전에 우리가 텔레비전을 볼 때 미국의 어느 과학자가 사람은 단조롭고 억압된 환경에서 살지 않는 것이 좋다고 했어요. 그게 정신건강에 지장을 줄 수도 있대요." 그 말을 들은 어머니는 아이의 방을 하늘색으로 칠하겠다는 생각을 접었다. 냉랭하게 "싫어요." 한마디를 하기보다는 먼저 타인의 견해를 정리해서 말하거나, 일부 권위 있는 사람의 말을 인용해서 부드럽게 거절하는 것이 낫다. 당신의 자세가 침착하고 우아할수록 성공률은 높아진다.

거절하면서 적당히 보상을 해 주는 것도 좋은 방법이 될 수 있다. 먼저 명확하게 거절하여 상대방의 기대를 대폭 낮추고, 상대방이 실망으로 가득 차 있을 때, 상대방의 기대를 어느 정도 만족시킬 수 있는 보상 방안을 제시하면 모두를 기쁘게 할 수 있다.

때때로 정말 뾰족한 묘수가 없다면, 말을 좀 부드럽고 우회적으로 하는 것만으로도 상대방의 기세를 쉽게 꺾을 수 있다. 친한 친구가 당신이 새로 산 치마를 뚫어지게 바라보며 "며칠 빌려 입어도 되

무엇이 인간관계를 힘들게 하는가

겠니?"라고 묻는다. 하지만 이 치마는 당신도 입기 아까워 자주 입지 않던 것이다. 단짝의 요구를 거절해야겠다면 "오랫동안 고민하고 차곡차곡 돈을 모아 산 치마야. 미안하지만 내가 너무 아끼는 치마라 빌려주기는 힘들 것 같아. 고작 치마로 인해 너랑 괜한 오해를 만들고 싶지 않거든."이라고 말해도 무방하다.

조금은 얌체처럼 보일지라도 사소한 일로 친구와 오해를 만들고 싶지 않다면 먼저 자신의 선이 어디인지 명확하게 알려 주는 것이 낫다. 꼭 거절해야 한다면 부드럽고 따뜻한 말투로 거절해라. 그러면 상대방은 쉽게 이해해 줄 것이다.

지나친 요구에는

|

마지노선을 먼저 점검하라

속상한 일이 생길 때마다 우리는 속으로 '참자. 사실 별것도 아닌 일이야.', '저 사람도 힘들 텐데, 그냥 한 번만 눈감아 주자.', '따질수록 귀찮아지니까 한 발짝 물러나 있자.'라고 생각한다. 부당한 요구가 들어와도 인내심을 발휘하며 억지로 끙끙대며 들어 준다. 하지만 그런다고 감사나 존중은커녕 오히려 그들에게 원칙도 없는 만만한 사람으로 인식되기 일쑤다.

'쌀 한 말은 은인을 기르고, 쌀 한 섬은 원수를 기른다'는 말이 있다. 다른 사람의 고의적인 괴롭힘 앞에서 만약 우리가 원칙이나 마지노선도 없이 상대방의 요구를 들어준다면, 그저 갈수록 상대방의 배만 키워갈 뿐이다.

어쩌면 상대가 적당한 때에 부탁을 멈출 것으로 생각할지 모른다. 그래서 매번 자신을 희생하며 상대의 요구를 들어준다. 하지만 하나의 욕구가 충족되면 더 높은 욕구가 찾아오게 마련이다. 단호하게 결정하기 전까지 이 욕구는 계속된다. 상대는 거절당하고 나서야 이만 멈춰야겠다고 생각할 것이다. 당신이 몇 번이고 양보해서 얻을 수 있는 거라곤 일시적인 관계의 화목과 고요함 뿐이다. 하지만 그 속을 들여다보면 끝없는 후환이 묻혀 있다. 그러니 앞으로는 좀 더 강하게 나가보자. 그래도 두려워할 것 없다. 장담컨대 그와의 관계에 큰 차질은 없을 것이다.

상대의 요구를
계속 들어주면 벼랑 끝에 선다

영화 〈혐오스런 마츠코의 일생〉에서 주인공 마츠코는 어릴 적부터 아버지에게 무시를 당했다. 아버지는 아픈 여동생 미카코에게만 모든 사랑을 쏟았다. 그녀는 이때부터 누군가에게 속마음을 털어놓는 것이 두려웠다. 우연한 기회에 아버지가 자신의 찡그린 얼굴을 보고 크게 웃자 그녀는 아버지의 웃는 모습을 보기 위해 항상 눈살을 찌푸렸다. 하지만 이런 일 외에 그녀가 아무리 잘해 보려고 애를 써도 아버지는 시종일관 그녀를 차갑게 대할 뿐이었다.

그녀는 교사가 되어서도 여전히 남에게 설설 기었다. 연애할 때도 몇 명의 나쁜 남자들을 만났으며, 모두 아주 무책임한 사람이었다. 그러나 그 남자들이 아무리 그녀를 악랄하게 괴롭혀도 그녀는 조용히 울분을 삼켰다. 이렇게 그녀는 한 걸음 한 걸음 '우울'이라는 이름의 심연으로 걸어 들어갔다.

당신이 한 걸음 물러서면 상대방은 오히려 당신에게 한 걸음 더 나아갈 것이다. 만약 당신이 상대방을 변화시킬 수 없다면 자신의 태도부터 점검해야 한다. 상대방의 존중과 신뢰를 얻으려면 우선 자기 자신을 충분히 존중해야 한다.

자신을 존중한다는 말은 명확한 태도로 타인에게 아래의 내용을 알려 준다는 의미를 내포하고 있다.

"나는 원칙이 있고 마지노선이 있으며 명확한 선이 있는 사람이다."

타인의 무리한 요구 앞에서 가장 먼저 자신의 마지노선이 어디인지, 입장은 어떠한지 알려 주어야 한다. 설령 상대방이 생떼를 쓰더라도 마음을 굳게 먹어야 한다.

살면서 만약 친구들이 계속해서 돈을 빌리고도 갚지 않는다면, 당신은 강경한 자세를 취해야 한다. 그래야 상대방이 당신을 무시하지 않을 것이다. 직장에서 동료의 불합리한 요청과 부탁 앞에서 용감하게 "아니요."라고 말해야 한다. 당신이 해야 할 일도 아닌 것에 시달리며 거듭 양보하지 마라.

무엇이 인간관계를 힘들게 하는가

이 과정에서 어쩌면 많은 공격을 받고 좌절을 겪을 수도 있다. 마음속에서 때때로 죄책감과 두려움이 올라올 수도 있다. 하지만 아무리 힘들어도 마지노선을 지켜야 한다. 끊임없는 시도와 훈련을 통해서만 건강하고 굳건한 관계를 맺을 수 있다. 양보만 하고 분수를 지키지 않으며 마지노선을 신경 쓰지 않는다면, 당신은 영원히 자아를 실현할 수 없을 것이다.

매사 이기려고 하면

|

쉽게 꺾인다

한 가지 일을 두고 서로 의견이 다를 때 쉬지 않고 상대를 설득시켜 자신의 관점이 옳다고 우기는 사람이 있다. 당신 주변에도 이런 사람이 있지 않은가? 내기에 졌음에도 인정하지 않고, 삼세판을 강요해 꼭 이기려고 든다. 당신이 칭찬을 받으면 그는 전혀 이를 인정하지 않는 얼굴로 당신의 결점을 나열하고, 나중에는 농담 반 진담 반으로 "어때, 이래도 나보다 낫다고?"라며 으스댄다.

늘 시시비비를 따지려 들고 이기려고 하는 사람과 어울리면 대다수가 피곤함을 느낀다. 매사에 타인과 논쟁하고, 각 방면에서 우열을 가린다면 점점 더 친구를 잃을 뿐이다.

친구와 영화를 봤다고 하자. 나는 영화가 재미있었는데, 친구가 계속해서 감독의 형편없는 연출과 단조로운 줄거리에 대해 말하면

무엇이 인간관계를 힘들게 하는가

서 나를 설득하려 한다. 그 후 음식점에서 함께 식사를 했다. 나는 음식이 독특한 맛이라며 호감을 표하는데 친구는 온 얼굴에 혐오감을 드러낸다. 이 식당은 품격이 없다고 말하며 자신이 미식가임을 자랑하고 이미 8대 요리를 맛본 적이 있다고 으스댄다. 이런 사람과 어울리는 것은 그야말로 야근하며 밤을 새우는 것보다 더 피곤하다. 이런 일이 쌓이면 어떤 모임이든 그를 부르기 망설여지고, 걱정거리가 있어도 하소연하고 싶어지지 않는다. 그와 말할 바에는 차라리 혼자 있는 시간을 택한다.

승부욕을
내려놓는 법

주변을 잘 살펴보면 승부욕이 강한 사람들은 결혼생활에 만족하지 못하는 것을 발견할 것이다. 그들은 '인생은 동풍이 서풍을 압도하지 않으면 서풍이 동풍을 압도한다'는 관념을 고수한다. 경제권을 혼자 관리하려 하고, 매사 배우자를 자신에게 맞추려고 하며, 하루 종일 누가 옳고 그른지 논쟁하느라 바쁘다. 그러다 보면 서서히 집 안에 따뜻함이 사라진다. 가정은 결코 이치를 따지는 곳이 아니다. 사랑하는 사람과 옳고 그름을 논쟁하는 것은 어리석은 일이다. 오직 서로 포용하고 존중해야 영원히 사랑할 수 있다.

일상에서 이기려고 안간힘을 쓰는 사람은 언제나 다른 사람과 비교하며 잘난 체하지만 내면은 유리같이 약하다. 그들은 공격성이 강하지만, 진정한 좌절 앞에선 쉽게 주저앉는다. 이것이 바로 '지나치면 꺾이기 쉽다'는 이치다. 질투의 씨앗은 조심하지 않으면 이런 사람들의 마음속에 뿌리내린다. 그들은 자신만을 중시하고 다른 사람과 감정을 쌓는 것을 무시하기 때문이다. 그러니 결국에는 외톨이 신세가 될 수밖에 없다.

시내의 한 병원에서 간호사로 일하는 여자가 있었다. 꽤 많은 연봉을 받으며 순탄한 삶을 살았다. 하지만 그녀는 승부욕이 강해서 늘 남들과 마음속으로 경쟁했다. 간호장교가 되고 싶었지만 매번 기회를 놓쳤다. 어느 해, 그녀는 엄청난 노력을 쏟아서 마지막 경선에 참여했다. 끊임없이 강의안을 수정하며 전력을 다했다. 그러나 안타깝게도 간호장교 직책을 얻지 못했다. 이 일로 큰 상처를 받은 그녀는 다른 사람의 성과에 대해 이러쿵저러쿵 의문을 제기하기 시작했다. 그리고 자신의 강점을 다른 사람의 결점과 끊임없이 비교하며 하늘을 원망하고, 사회의 불공평함을 한탄하고, 자신의 직장 생활이 순조롭지 못하다고 불평했다.

그녀는 갈수록 사람들과 함께 어울리지 못했고, 병원의 다른 지점으로 발령을 받자 사직서를 제출해 버렸다. 지금도 여전히 그녀는 남과 논쟁하고 비교하기 좋아하는 버릇을 고치지 못했다. 다른 사람이 자신의 말을 대수롭지 않게 여기면 감정이 격해져서 자신이

무엇이 인간관계를 힘들게 하는가

옳다는 것을 증명하지 않으면 안 되었다. 그리고 자신은 다른 사람보다 우수하지만, 다만 운이 좋지 않은 것이라 생각했다.

짧은 인생을 살면서 무엇 때문에 다른 사람과 입씨름하며 시간을 낭비하는가? 누가 이기고 지는 것이 뭐가 그리 중요한가? 우리가 누군가의 가족이나 애인이 될 수 있고, 동료와 친구가 될 수 있다는 것이 중요하다. 불필요한 승부욕은 오히려 보기 드문 만남을 망칠 수 있다. 설령 우리가 주변의 모든 사람을 이긴다 한들 나중에 가서 그게 또 무슨 의미가 있겠는가?

적당한 때에 자신의 약함을 보이고 고개를 숙이며 물러서고 들어설 때를 안다면 즐겁게 살 수 있을 것이다. 그러면 다른 사람들도 당신과 함께 지낸 시간을 매우 소중히 여길 것이다.

넓은 아량으로

한 걸음 물러나기

세계적인 피아니스트 푸충의 아버지가 아들에게 쓴 편지를 묶어 낸 『상하이에서 부치는 편지』에는 이런 명언이 나온다.

"아무리 떳떳해도 교만하지 말고, 일리가 있어도 몰아붙이면 안 된다."

'이유가 있으면 따지고 들어도 된다'는 것은 우리 일상에서 진리로 여겨진다. 그러나 만약 우리가 그 기준과 정도를 혼동해서 언제나 시시콜콜 따진다면 우리 인생은 험난해지고 사람들과 차츰 어울리기 힘들어질 것이다. 만약 우리가 자신은 완벽히 정의로운 쪽이라고 여기고, 잘못은 모두 다른 사람에게 있다고 판단하며, 모든 상황에서 '일리가 있으면 몰아붙여도 된다'는 원칙을 떠받든다면, 우리의 인간관계는 점점 더 나빠질 수밖에 없다.

무엇이 인간관계를 힘들게 하는가

철학자 소크라테스는 "완벽히 이성적인 마음은 마치 날카로운 칼과 같아서 그것을 사용하는 사람을 다치게 할 수 있다."라고 말했다. 만물은 모두 그 양면성이 있기 때문에 우리는 사람을 대할 때 나만 옳다고 생각해서는 안 되며, 오류를 발견했다면 조용히 잘못을 인정해야 한다. 설령 나의 말이 일리가 있다 하더라도 상대방을 세 번은 용서해야 한다. 용서할 수 있을 때 용서하라. 자신과 타인에게 여지를 남겨 주어라.

중국의 만담 배우 악운붕은 열일곱 살 때 한 식당에서 아르바이트를 했는데 한번은 부주의로 3번 테이블 손님이 주문한 맥주 두 병을 5번 테이블의 계산서에 잘못 기재하였다. 이 사실을 안 5번 테이블의 손님은 크게 화를 내며 그에게 욕설을 퍼부었고, 악운붕은 끝내 울음을 터뜨리고 말았다. 악운붕은 손님에게 용서를 빌었고, 사장도 6위안밖에 안 되는 일이니 손님에게 그만해 달라고 말하였지만, 그 손님은 용서하지 않고 세 시간여 동안이나 화를 내며 소란을 피웠다. 결국 악운붕이 손님의 식대 전부를 대신 내주고서야 소란이 가라앉았다.

주변에 이런 일들은 비일비재하다. 날씨 때문에 배달이 조금 늦어지면 주문한 사람은 욕설을 퍼부으며 반드시 배달원을 고소하겠다고 위협한다. 공공장소에서 아이가 소란을 피워 주변이 시끄러워지자 아이 엄마가 죄송하다고 사과를 했지만 사람들은 화를 내며

험한 말을 쏟아낸다. 손님들은 서비스에 조금이라도 차질이 생기면 종업원을 향해 폭언을 하며 몰아붙인다.

일리가 있으면
몰아붙여도 될까?

사실 일상의 많은 다툼은 모두 큰 지장을 주지 않는 작은 일들로 일어난다. 마음이 넓은 사람은 자신이 약간의 손해를 보더라도 이런 상황을 이해하고 용서한다. 그러나 '일리가 있으면 몰아붙여도 된다'고 생각하는 사람들은 소란을 피워 자신의 주장을 내세우며 다툼에서 이겼다고 생각한다. 하지만, 실제로는 자신의 이기적이고 천박한 본성만 드러냈을 뿐이다. 이는 얻는 것보다 잃는 것이 많은 결과를 낳는다.

내 말이 일리가 있다고 생각되는 상황에서 상대방을 위해 한 걸음 물러서는 것은 사실 나의 미래를 위해 길을 터주는 것과 같다. 대인관계에서 분수를 아는 사람들은 '만사에 한 가닥의 여지를 남겨 두면 나중에 웃으며 다시 볼 수 있다'는 이치를 알고 있다. 원칙에 영향을 미치지 않고, 옳고 그름을 굳이 따질 필요가 없는 일에 대해서 그들은 항상 웃어넘겨 왔다.

힐러리가 자서전을 출판한 후 한 유명한 토크쇼에 나갔다. 진행자가 자서전을 비웃으며 공공연하게 이렇게 말했다.

"이 책은 잘 팔릴 리가 없습니다. 만약 이 책이 백만 부가 팔린다면, 저는 신발을 먹겠습니다!"

몇 주 후에 비보가 전해 왔다. 힐러리의 자서전이 예상보다 잘 팔려 곧 밀리언셀러가 될 것이라는 소식이었다. 사람들은 인터넷에서 이 일을 끊임없이 언급하며 힐러리가 그 유명한 토크쇼 진행자를 비난하고 망신 주길 기다렸다. 나중에 힐러리가 이 사회자의 프로그램에 다시 출연했을 때 그녀는 사회자에게 훌륭한 '신발'을 선물했다.

사회자는 자신의 공약대로 그 신발을 먹어야 했고, "맛이 아주 좋다."며 웃어 재꼈다. 알고 보니 힐러리가 선물한 신발은 그녀가 정성껏 주문 제작한 신발 모양의 케이크였다. 그녀는 이런 방식으로 이 사회자의 불손한 언행을 '응징'하였고, 결국 그의 진심 어린 사과를 받아낼 수 있었다. 이후 이 사회자는 힐러리의 열렬한 팬이 되었다.

용서할 수 있을 때
용서하라

'양보와 너그러움'이 사라진 오늘날 대인관계에서 자신의 생각만 옳다고 주장하면 쌍방 모두가 손해를 보는 결과를 초래한다. 그러니 자신의 기준을 정한 후 놓아야 할 때는 놓아주고, 용서할 수 있을 때는 용서해야 한다.

누군가가 나의 뒷담화를 하거나 피해를 주었을 때 그 사람이 진심으로 사과한다면 태연히 받아들이고 상대방을 놓아주어도 좋다. 만약 비난과 비판을 받거나 누명을 쓴다면, 급히 변명하고 날카롭게 맞서거나 마음을 졸일 필요가 없다. 그것이 단지 다른 사람의 가벼운 불찰이라면 모든 것은 시간에 맡기면 된다.

만약 우리가 불공평한 일을 당했을 때 바로 발끈해서 일을 해결하려 한다면, 화가 난 상태로 해명할수록 더 의심받을 수 있고 상황도 더욱 나빠질 수 있다. 사소한 원한에도 눈에는 눈, 이에는 이로 갚아 주려 한다면, 당신은 그저 상대방과 같은 수준이 될 뿐이다.

기억하라. 자기 생각을 끝까지 잡고 놓지 않는 사람은 다른 사람에게 마음이 좁다는 나쁜 인상을 남기고 관계는 더욱 멀어질 것이다. 하지만 감성지수가 높은 사람은 그런 상황에서 오히려 침착함을 유지하고 마음을 넓게 가지며 침묵으로 혼란스러운 소문에 대처할 것이다. 모든 것이 밝혀질 때, 그들은 사람들의 박수갈채와 찬탄을 받을 것이다.

인생에서 누구도 자신이 반드시 다른 사람과 갈등이나 다툼을 겪지 않을 것이라 보장할 수 없다. 다만, 우리는 무슨 일을 하든지 분수를 잘 파악해야 하고, 다른 사람이 함부로 짓밟지 못할 선을 제대로 세워야 하며, 동시에 사람을 포용할 수 있는 아량도 갖춰야 한다. 모든 일에 충분한 여지를 남겨 두는 것이야말로 큰 지혜다.

관계를 좁히기 위한

적당한 유머 감각

전 세계적으로 인기를 끈 미국 드라마 〈왕좌의 게임〉 시리즈에서 '작은 악마' 티리온은 단연 언어의 제왕이다. 타인의 비아냥 속에서도, 주변이 온통 고요한 순간에도, 설령 생사가 달린 순간에도 그는 침착하게 대처하고 미소를 띠며 농담을 던진다. 이 캐릭터는 이러한 인간적인 매력으로 수많은 시청자의 호응을 얻었다.

한번은 티리온이 서먹한 관계의 두 동료와 함께 있었다. 그들 사이에는 아무런 말이 오가지 않았고, 어색한 분위기가 공기 중에 가득했다. 그때 갑자기 티리온이 침묵을 깨고 말했다.

"어느 지혜로운 사람이 진정한 역사는 고상한 방에서 위대한 대화로 이루어진 것이라고 말했습니다." 그러자 나머지 두 사람이 "누가 그렇게 말했습니까?"라고 물었다. 티리온은 어깨를 으쓱이며

"제가 방금 말했지요."라고 했다. 그의 말이 끝나자마자 세 사람은 웃기 시작했다.

거리감을 좁히는
특효약

유머러스한 사람들은 항상 사람들의 마음을 매료시켜 자신도 모르게 그 사람에게 다가가고 싶게 만든다. 이것이 바로 우리가 틱톡 영상을 보고, 재미있는 SNS 게시물을 보는 이유다. 즐겁게 한번 웃고 싶은 것이다.

적당한 유머 감각은 관계를 맺을 때 분위기를 띄우고 거리를 좁히는 '특효약'임이 틀림없다. 특히 낯선 사람들 사이에서 농담을 함부로 하면 화를 부르기 쉽지만, 함축적이고 적당한 농담은 성별의 경계를 넘고 신분의 차이까지 뛰어넘어 서로의 마음을 더욱 편안하게 한다.

유머 감각이 좋은 사람이 있는 곳은 언제나 웃음소리가 끊이지 않는다. 이들은 때로 불리한 관계에서 벗어나기 위해서 즉흥적으로 기지를 발휘해 적당히 망가지는 것도 망설이지 않는다. 하지만 이러한 농담에도 적당한 선이 있다. 분수를 잘 파악하지 못하면 다른 사람에게 가볍고 신뢰할 수 없는 사람이라는 인상을 남길 수 있다.

당신이 자신의 주장을 펼치고 있든지, 자조적인 유머를 하든지 간에 언제나 얼굴에는 미소를 띠는 것이 좋다. 만약 웃음기 없이 말한다면 농담은 풍자로 오해받을 수 있다. 일단 오해가 생기면 상황이 복잡해진다.

당신의 농담이 분위기를 띄우기 위한 것이라고 해도 농담 때문에 주제가 희석되지 않아야 한다. 중요한 것은 웃음이 주가 되어 허무한 상황을 만들지 않아야 하는 것이다. 적당한 유머는 요리에 감칠맛을 내는 조미료와 같다. 정성껏 만든 요리에 마지막으로 가미한 조미료가 엉망으로 만드는 일은 하지 말아야 한다.

한마디가 지닌

|

강력한 힘

공자는 "말은 그 뜻이 상대에게 전달되는 것으로 족하다."라고 했다. 뜻을 분명하게 표현하기만 하면 된다는 의미다. 말을 세세하게 다 전달하지 않아도 상상의 여지를 좀 남겨 두면 상대방은 그 뜻을 이해할 수 있다. 이것이 바로 언어의 매력이다.

간단하게 짚어 주기만 하고, 감정을 적절하게 전달하는 것은 듣는 사람과 말하는 사람 간에 암묵적인 약속을 보여 준다. 마치 미술에서 여백의 미를 중요시하는 것처럼 말이다. 100%의 말에서 몇 %의 공간을 남겨서 상대방이 알아서 이해하도록 한다면 유쾌한 대화 분위기를 유지할 수 있다. 그리고 쓸데없는 간섭과 직언으로 상대의 기분을 망치지 않을 것이다. 때때로 너무 많은 것을 말하는 바람에 상대방의 반감을 일으키기도 한다. 물론, 사람마다 간단히 짚어 주는 정도는 다 다르다. 상대의 마음에 맞는 말을 하려면, 먼저 상대방의 성격과 말버릇을 파악해야 한다.

대다수 사람에게 존엄과 체면은 매우 중요하다. 따라서 듣기 싫은 말을 할 때면 그것들을 '예쁘게' 포장하고 간단하게 말해야 한다. 누군가의 스승이 되기를 좋아하고, 항상 큰 도리를 뒤적거리며 말한다면, 상대방의 공감을 얻기는커녕 싫증만 유발할 것이다.

누군가를 꾸짖을 때도 간결하게 말해야 한다. 길고 반복적인 잔소리는 상대방의 반감만 불러일으킬 뿐, 기대 이상의 효과를 내지 못한다. 잔소리를 압축해 간결하게 말한 뒤 표정과 몸짓으로 감정을 전해도 무방하다. 이럴 때 주도면밀한 한마디는 마음속 깊이 각인되어 그 사람의 동의를 끌어낼 수 있다.

잔소리가
효과 없는 이유

나오키상 수상자 후지모토 기이치藤本義一가 자신의 경험을 털어놓은 적이 있다. 그는 딸에게 밤 10시 전에는 반드시 집에 돌아오라고 말했다. 그런데도 허구한 날 딸은 자정이 넘어서야 돌아왔고, 심지어 잔뜩 술에 취해 있었다. 어느 날, 후지모토 부인은 술에 취한 딸의 모습에 또 한바탕 혼을 냈다. 딸은 엄마의 잔소리를 들을수록 짜증이 났고 지루해지기 시작했다. 어머니는 마지막으로 그녀에게 "어쨌든 너는 아버지께 죄송하다고 말해야 해."라고 전했다. 딸은 우울한 얼굴로 아버지의 침실에 들어갔다. 그녀는 자신을 맞이하는 것이 잔소리나 장황한 훈계일 줄 알았다. 하지만 뜻밖에도 아버지는 무거운 표정으로 그 자리에 서서 그녀를 한참 동안 조용히 바라본 후에 냉정하게 딱 일곱 글자만 말했다.

"구제 불능이구나!"

아버지는 단 한마디만 던진 후 그 자리를 떠났고, 딸은 어둠 속에서 오래도록 홀로 있었다. 후지모토의 강력한 한마디는 그녀의 마음을 매섭게 파고들었고, 그녀는 자신의 모습을 그제야 들여다볼 수 있었다. 그날 이후 딸은 항상 일찍 집에 돌아왔고, 다시는 술에 취해 늦게 들어오는 잘못을 저지르지 않았다.

대화를 할 때 한쪽만 끊임없이 말하고, 다른 한쪽의 말은 끊임없이 막힌다면 효과적으로 소통이 이루어질 수 없다. 영국의 철학자 베이컨의 말대로 함축적이고 적절하게 대화하는 것은 청산유수처럼 말하는 것보다 더 귀중하다. 흥미 없는 얘기를 계속하는 것보다 자신의 말을 과감히 끝내고, 지혜로운 경청자가 되는 것도 중요하다. 분수를 아는 사람은 보통 경청을 통해 좋은 인연을 얻는다.

자화자찬할 때면 더더욱 간단하게 끝내야 한다. 적당하게, 때와 장소를 잘 파악해서 해야 한다. 상황과 상관없이 거듭해서 자신을 드러내면 당신의 장점은 오히려 무시당할 수 있고, 혐오감을 느끼며, 교만하고 가벼운 사람이라고 여길 수도 있다.

아무리 옥쟁반에 담긴 음식도 계속 먹다 보면 점점 맛을 잃고 변하게 된다. 같은 원리로 한마디로 끝날 말을 장황한 이야기로 늘어놓을 필요는 없다. '짧은 이야기를 길게 하는 것'은 당신의 인연은 물론, 심지어 일할 기회까지도 없앨 수 있다.

중국의 작가 루쉰의 말처럼 "남의 시간을 공연히 낭비하는 것은 재물을 탐내어 목숨까지 해치는 것"과 다름없다. 어떤 남자들은 자동차, 군대, 운동 등의 화제를 이야기할 때 늘 장황하게 늘어놓는다. 어떤 여자들은 누군가의 장점이나 약점 등을 늘어놓길 좋아하며, 또 미용이나 건강 상식을 즐겁게 떠들어 댄다. 사실 이런 내용은 관심이 없는 사람들에게는 깊이가 전혀 없다고 생각되고, 시간 낭비라는 느낌을 줄 뿐이다.

그러니 말을 할 때 정확하고 분명하게, 간단하게 핵심만 짚어 주는 정도로 하는 것이 좋다.

무엇이 인간관계를 힘들게 하는가

세심함, 상대로부터 믿음을 얻는

가장 빠른 방법

노자^{老子}는 "천하의 어려운 일은 반드시 쉬운 일에서 시작해야 한다. 천하의 큰일은 반드시 작은 일에서 시작해야 한다."라고 말했다. 그 뜻은 사람이 하나의 일을 이루기 위해서는 반드시 가장 간단한 일부터 시작해야 하며, 사소한 데서부터 시작해야 한다는 것이다. 명품은 디테일에서 차이 난다는 말이 있듯이 사소한 일이 얼마나 중요한지 말해 주는 대목이다.

사람을 대하는 일 역시 마찬가지다. 대인관계에는 '분수를 아는 것'과 '디테일'에 관한 많은 이치가 숨어 있다. 말을 할 때 디테일을 중시하는 사람만이 타인의 존중과 신뢰를 얻을 수 있고, 대인 관계에서 여유롭게 행동하며 자유롭게 오갈 수 있다.

많은 사람이 "큰일을 하는 자는 사소한 일에 구애받지 않는다."라고 말하지만, 감성지수가 높은 사람은 자칫 보잘것없어 보이는 사소한 일에 관심을 갖는다. 특히 대인관계에서 그들은 세세한 점을 챙기고 알맞은 태도를 보여서 종종 주변 사람들에게 즐거움을 주는데, 이런 점은 매우 매력적으로 다가온다.

분수를 아는 사람은 자유자재로 사람들과 관계를 맺지만, 사람을 대하는 게 서툴고 깊이를 모르는 사람은 곳곳에서 벽에 부딪힐 가능성이 매우 크다. 디테일에 관심을 두어야만 비로소 다른 사람들이 갖지 못한 판단력과 통찰력을 얻을 수 있는 것이다.

완벽하게
디테일을 파악하라

상대방이 무심코 보인 눈빛과 손짓, 대수롭지 않게 내뱉은 한마디는 종종 그의 현재 내면의 진정한 느낌, 생각 혹은 입장을 드러낸다. 당신이 이런 사소한 부분을 제대로 파악하고 제때 적절한 피드백을 준다면, 상대방은 당연히 당신을 다시 보게 될 것이며, 동시에 호감도도 올라간다. 예를 들어 대화 중에 상대방이 냉담한 표정을 지었다면 가능한 한 차분하고 절제된 공적인 말투를 취해야 한다. 눈치 없이 너무 활발하게 떠벌리지 않는 것이 관건이다. 혹은 상대방이 자주 시계를 보고 급하게 말한다면, 제때 이야기를 끝내거나, 상대방의 관심사로 화제를 옮기는 것이 좋다. 만약 상대방의 마음

무엇이 인간관계를 힘들게 하는가

에 약간의 변화가 생긴 것 같다면, 적절한 관심과 안부를 물어 그 사람의 속마음을 녹이는 것도 좋은 방법이다.

디테일에 주의를 기울이는 사람은 타인에게서 일어나는 미세한 변화를 예민하게 포착해, 때맞춰 친절한 인사나 열정적인 칭찬을 보낸다. 특히 여성의 경우 대부분 자신의 옷차림에 매우 주의를 기울인다. 일단 누군가가 그들의 옷이나 헤어스타일이 변화된 것을 발견한다면, 그들은 매우 놀라며 기뻐할 것이다. 좋은 평가를 듣고 싶다면 이런 디테일을 파악하는 것부터 시작해도 무방하다. 대부분의 사람은 자신이 이전에 한 말을 잊어버린다. 만약 그냥 편하게 나눴던 상대의 말을 기억하고 다음번에 그 말을 인용한다면 그 사람과 쉽게 친해질 수 있다. 예를 들면, 감성지수가 높은 사람들은 대화 중에 상대방이 한 말을 마음에 담았다가 적절한 상황에서 꺼내는데, 이때 상대방은 자신의 생각을 존중받았다고 느껴 매우 기뻐하고 좋아한다.

다른 사람과의 관계는 분수를 알고 디테일을 아는 것에 달려 있다. 주변에 감성지수가 높은 사람들을 생각해 보라. 그들은 항상 다른 사람들이 쉽게 무시하는 디테일을 발견하고 관심을 가지며 챙겨준다. 보통 사람과 감성지수가 높은 사람의 가장 큰 차이점은 역시 행동을 하는 데 있어 디테일에 어느 정도의 관심을 두느냐에 있다. 디테일에 진리가 있음을 발견하고, 작은 일에 최선을 다하면 결국 두각을 나타내게 되는데, 이것은 '디테일이 성패를 결정한다'는 이치를 증명한다.

  한 사람이 대중에게 미움을 받거나 인기를 얻는 것은 대부분 사소한 일, 보잘것없어 보이는 일들 때문이다. 누군가와의 만남에서는 세세한 부분까지 예민하게 포착하는 것을 배워야 하고, 또한 합리적으로 분수에 맞게 행동해야 하며, 절대로 작은 일로 인해 큰 것을 잃는 우를 범해서는 안 된다.

무엇이 인간관계를 힘들게 하는가

관계의 발전은

존중으로부터 비롯된다

중국의 고전 소설 『홍루몽』에서 가우촌은 자신의 제자 임대옥이 책에서 '민'자를 읽을 때마다 '밀'로 읽고, 글을 쓸 때 '민'자를 만나면 왜 매번 한두 획을 줄여서 쓰는지 의아했다. 나중에 냉자흥과 이야기하면서 그제야 의문이 풀렸다. 임대옥의 어머니 성함이 '자민'이어서 자식으로서 부모의 성함을 직접 부르는 것을 피해야 하므로 그렇게 했음을 알게 되었다.

분수를 아는 사람들은 누군가를 만날 때 항상 세심하게 상대가 싫어하고 꺼리는 것에 주의를 기울인다. 이들이 좋은 인맥을 가진 이유다. 하지만 우리는 종종 타인이 싫어하고 꺼리는 것과 관련해 너무 부주의하게 행동할 때가 많다.

한 번쯤 이런 상황을 만난 적이 있을 것이다. 서로 잘 아는 친구나 혹은 같이 일했던 상대와 얘기를 나누고 있는데, 상대방의 태도가 갑자기 돌변하는 것이다. 사실 이것은 우리가 부주의하게 상대방의 금기를 건드렸기 때문이다. 만약 당신이 상대방의 금기를 제대로 알지 못했다면 아마도 '지뢰를 밟았을' 수 있다. 고생스럽게 쌓아 올린 우정이 한마디 말 때문에 한순간에 무너질 수 있다.

중국 고대 유가의 경전인 『예기』에는 "외지에 가면 그곳에서 금지하는 것이 무엇인지 물어보고, 외국에 가면 그 나라의 풍속을 물어보고, 다른 집에 가면 그 가문에서 금기시하는 것을 물어보라."라고 쓰여 있다. 예를 들면, '아가씨'라는 말은 미혼의 여자를 부르는 호칭이다. 그러나 중국의 북방 일부 지역에서는 화류계 여성을 가리키는 말로 함부로 사용해서는 안 되는 단어가 된다. 각지의 풍속이 다르고 금기시하는 것들에도 차이가 많다. 사람과 사귈 때 상대방의 배경을 대략적으로라도 살펴서 자칫 금기를 건드리지 않도록 주의해야 한다.

상대가 무엇을 꺼리는지 파악하라

어쩌면 당신이 만나는 사람마다 각자 특수한 '금기'가 있을 것이다. 가령 이혼한 사람을 만났을 때 그 일을 섣불리 꺼내면 불쾌해할 수 있다. 혹은 미혼인 사람에게 왜 싱글인지 물어보는 것을 무례하

무엇이 인간관계를 힘들게 하는가

다고 생각할 수 있다.

영화 〈스파이더맨〉에서 스파이더맨이 프리랜서 사진기자로 일하는 신문사 '데일리 뷰글'의 사장은 매우 재밌는 캐릭터다. 영화 속에서 그가 구사하는 표현은 유머러스하지만, 현실에서 보자면 그는 영락없이 분수를 모르는 밉살스러운 사람이다. 그는 아들의 약혼식 피로연에 스파이더맨인 피터 파커를 보내 사람들의 사진을 찍게 했다. 이때 사장은 시장과 그의 파트너를 가리키며, 피터에게 "시장과 그의 정부 사진을 찍어 주게나!"라고 외쳤다. 시장은 순간 얼굴을 붉혔고 눈빛은 분노로 가득 찼다.

사교계에서도 보편적인 금기가 있다. 상대방과 대화 중에 시도 때도 없이 휴대전화를 보는 것이다. 최근 딜로이트사의 연구에 따르면 전체 미국인의 하루 평균 휴대전화를 보는 건수가 모두 합해 80억 회에 달했다. 이것은 모든 사람이 평균적으로 매일 휴대전화를 46번 본다는 것을 의미한다. 하지만 다른 사람과 이야기를 나눌 때는 휴대전화를 주머니 속에 가만히 내버려 두는 것이 좋다.

인기리에 방영된 중국 드라마 〈도정호〉에서 쑤밍청은 어머니의 장례식장에서 영정사진을 들고 매우 괴로워했다. 그러다 잠시 뒤를 돌아보니 여동생이 휴대전화를 들고 끊임없이 전화를 하고, 문자를 보내고 있었다. 화가 머리끝까지 난 그는 여동생에게 당장 전화를 끊으라고 호통을 쳤다. 두 사람은 크게 싸우기 시작했고 결국 어머니의 유골함마저 땅바닥에 내동댕이쳤다.

가족의 장례식 내내 휴대전화를 보거나 혹은 다른 가족 구성원이 말하는데 게임만 하고 있다면 이건 분명 실례다. 우리는 관계를 맺을 때 상대방을 존중해야 한다. 누군가와 함께할 때는 휴대전화를 움켜쥐고 있지 말아야 한다.

사교계에서 또 하나 지켜야 할 예의는 상대의 이름을 기억하는 것이다. 대부분은 상대가 자신의 이름을 까먹어 우물쭈물하는 것을 싫어한다. 데일 카네기는 일찍이 "모든 사람에게 있어서 자신의 이름이야말로 세상에서 가장 듣기 좋은 소리이다."라고 말했다. 이 말은 정말 맞는 말이다. 순간적으로 다른 사람의 이름을 잊어버렸다고 해서 이로 인해 상대방과 당신의 사이가 틀어질 리는 없을 것이다. 하지만 단순해 보이는 이런 행동은 '나는 당신에게 큰 관심을 가지고 있지 않다'는 신호를 보내는 것이다. 상대방에게 호감을 얻고 싶다면 시간을 들여 이름을 외우는 것은 기본이다. 이름만 알아두어도 상대와 빠르게 우정을 쌓을 수 있다. 이것은 적어도 당신이 그를 충분히 존중한다는 것을 나타내기 때문이다.

분수를 아는 사람은 상대방의 성격이나 성향을 바탕으로 상황에 맞게 대처할 수 있다. 만난 지 얼마 안 된 친구가 비교적 내향적이라면 같이 밥을 먹자고 하거나 접대하는 것이 그들을 불편하게 한다는 것을 잘 안다. 그래서 상대방이 거듭 사양한다면 억지로 강요하지 않고 자연스럽게 상대의 선택을 존중한다.

이른바 '금기'는 사람에 따라, 또 지역에 따라 다르다. 어떤 이는 '죽음'과 같은 화제를 꺼리고, 어떤 이는 정치나 종교 이야기를 꺼린다. 어떤 이는 다른 사람이 자신의 개인사를 언급하는 것을 꺼린다. 사람과 관계를 맺을 때 상대가 무엇을 꺼리는지 미리 살피고 주의를 기울이는 것이 상대를 존중하는 예의인 것이다.

서로를 위한

|

적당한 거리두기

한국의 한 예능 프로그램의 에피소드가 네티즌으로부터 뜨거운 관심을 받았던 적이 있다. 이 프로그램은 한국 연예인들이 중국에서 분식집을 열고 운영하는 내용을 담고 있다. 상큼하고 예쁜 여배우가 서빙을 하는 식당에 두 남자가 들렀다. 그중 한 남자가 그 배우를 마음에 들어 했지만 끝내 입도 뻥긋하지 못했다. 다른 남자가 친구의 마음을 눈치채고는 그를 도와주겠다고 나섰다.

그 남자는 꽃가게를 찾아가 꽃다발을 산 뒤 주인에게 친구 대신 전해 달라고 당부했다. 서빙을 하던 배우가 꽃을 받았을 때는 이미 두 남자가 떠난 뒤였다. 그녀는 꽃을 받고 매우 기뻐했다. 자세히 살펴보니 꽃다발 속에 종이쪽지가 숨겨져 있었고, 그 안에 남자의 연락처가 적혀 있는 걸 발견했다.

방송이 나간 후, 네티즌들은 너도나도 두 남성을 칭찬하며 "어쩜 이렇게 다정할까!", "여자의 마음을 너무 잘 안다!"라고 말했다. 한 네티즌은 "이들의 가장 큰 매력은 안전거리를 둘 줄 아는 것"이라고 콕 짚었다. 만약 두 남자가 직접 찾아가 고백을 했다면, 그 여배우를 아주 난처한 상황에 처하게 했을 것이다. 그들은 안전한 방법을 선택해서 거리를 유지하며 부드럽게 실행해 상대에게 더없이 다정한 느낌을 주었다.

너무 많은 사람이 대인관계에서 분수를 알지 못한다. 그리고 자신과 타인 사이에 안전거리를 설정해야 한다는 것은 더욱 모른다. 이러한 사람이 만약 공공장소에서 누군가에게 호감을 느꼈다면, 아마 끈질기게 치근덕거리며 상대방에게 연락처를 요구했을 것이다. 설령 상대방이 이미 뚜렷한 반감을 드러냈다 하더라도, 그들은 눈치채지 못할 것이다.

친한 사람과 어울릴 때도 이들은 더욱 분수를 모르고 안전거리를 무시한 채 다가간다. 이들은 상대방을 존중할 줄 모르며 무례하게 말하기 일쑤다. 또한 사람 사이에 일단 안전거리가 사라지면 아무리 친밀한 관계여도 유지되기 어렵다는 것을 알지 못한다.

대인관계에서 적당한 거리는 일종의 보호막이다. 너무 가까워져 개인의 사생활이 없어지면 불편해지기 마련이다. 반면 너무 먼 거리를 유지하고 누군가가 다가오는 걸 거절하며 가족, 친구의 사랑을 차단하면 고독하고 외로워질 수밖에 없다.

안전거리를
넘어가지 않는 것이 예의다

적절한 거리는 아름다움을 만든다. 지구와 태양 사이의 적당한 거리는 만물의 소생을 조화롭게 한다. 사람도 이와 같아서 사람과 사람 사이에 적당한 거리를 유지해야만 감정의 흐름이 더욱 깊어지고 승화될 수 있다. 우리는 서로를 존중하며 상대방에게 개인적인 공간을 좀 더 주어야 하고, 자신에게도 약간의 숨 돌릴 여지를 남겨두어야 한다.

핀란드에 가면 재미있는 일을 목격할 수 있다. 핀란드 사람들은 대중교통을 이용할 때, 2인용 좌석에 옆 자리가 비어있다면 어느 누구도 쉽게 빈 좌석에 앉지 않는다. 만약 외지 관광객이 핀란드 현지 사정을 몰라 그 빈 좌석에 앉는다면, 옆에 앉아 있던 사람은 일어나서 다른 좌석으로 갈 가능성이 크다. 이런 행동이 오해를 살 수도 있지만 이것은 당신을 밀어내기 위함이 아니다. 단지 안전거리를 지키기 위함이다. 그들에게는 사람 사이에 일정한 안전거리를 유지하며 제멋대로 넘어가지 않는 것이 기본적인 예의인 것이다. 경솔하게 행동하면 결례를 범할 수 있다.

무엇이 인간관계를 힘들게 하는가

심리학 연구에 따르면, 사교적인 장소나 혹은 낯선 사람 사이에서 1.2~2.1미터의 거리를 유지해야만 비로소 안전한 거리라고 할 수 있다고 한다. 너무 가까이 있으면 상대방에게 예의가 없다는 느낌을 준다. 하지만 심리적 안전거리는 쉽게 무시된다. 이러한 상황은 대부분 친한 사이에서 일어난다. 예를 들면, 갑자기 불청객으로 들이닥치는 것이다. 누군가의 집을 방문하고 싶을 때, 미리 상대방과 약속을 해야 상대방도 미리 집을 정리하고, 맞이할 음식을 준비할 수 있을 것이다. 하지만 당신이 한마디 말도 없이 누군가의 집에 들이닥친다면 주인은 불편함을 느낄 것이다.

철학자 헤라클레이토스는 "세계의 모든 질서는 일정한 정도 안에서 불타고, 일정 정도에 의해 꺼진다."라고 말했다. 모든 일이 분수를 잃으면 부정적인 방향으로 발전할 수 있다. 사람과 사람이 어울리는 데에도 분수를 아는 것은 매우 중요하다. 너무 멀리 떨어지면 친밀한 관계는 다시 돌아오지 않는다. 너무 가까이 다가가면 원망을 들을 수도 있다. 편안한 안전거리를 유지하는 것이야말로 현명한 선택이다.

성공적인

|

부탁의 기술

흔히들 누군가를 사랑하면 밀고 당길 줄 알아야 한다고 말한다. 사실 누군가에게 어떤 일을 부탁할 때도 같은 원리가 작용한다. 다른 사람에게 도움을 청할 때는 낚시를 하듯이 마음을 가라앉히고 기다려야 한다. 절대 상대를 몰아붙여 짜증 나게 해서는 안 된다.

똑같은 일을 같은 사람에게 부탁했는데, 어떤 사람은 요청에 성공하는가 하면, 어떤 사람은 냉정하게 거절당하기도 한다. 이 차이는 '부탁의 기술'에서 비롯된다. 분수를 아는 사람은 성공률을 높이기 위해서, 우선 상대방의 입장에서 생각해 보고, 최대한 부탁하는 내용을 가볍게 만들어 상대를 난처하게 만들지 않는다.

상대방이 요구를 거절한다면 그 이유를 분석해 봐야 한다. 한 번 더 숙고해 보는 것인지, 정말 어려운 점이 있어서 도와주기 힘든 것인지 말이다. 전자라면 현실에 맞춰 또 다른 방법을 생각한다. 후자라면 상대방의 어려움을 이해하고 말을 줄이고 도와 달라고 강요하지 않는다. 당신이 상대방을 생각해 주면 그 역시 당신의 입장을 고려할 것이며, 다음에 어려운 문제가 생겨 상대방에게 부탁을 했을 때 자연스럽게 성공할 가능성이 크다.

"사람에게 부탁하는 것은 마치 삼 척尺의 검을 삼키는 것과 같다."라는 말이 있다. 이 말처럼 많은 사람이 저자세로 부탁하고 아첨해야만 성공할 수 있다고 생각한다. 그러나 대개 자신 있는 태도로 비굴하지도 거만하지도 않게 부탁할 때 비로소 성공할 수 있다. 마치 러시아 소설가 투르게네프I.S. Turgenev의 "먼저 자신을 믿어야만 다른 사람들이 당신을 믿을 수 있다."라는 말처럼 말이다.

부탁하는
기술

A 씨와 B 씨는 회사에서 경력이나 능력이 비슷하다. 신입사원을 대상으로 한 특별 트레이닝이 끝나면 부서가 정해지는데 그해 둘 다 트레이닝 대상이 되었다. 사장은 최종적으로 누가 부서를 대표해 훈련에 참여할지 결정해야 했다. 두 사람은 이 소중한 기회를 얻기 위해서 약속이나 한 듯이 사장에게 가서 부탁했다.

A 씨는 사장의 사무실에서 거의 울다시피 말했다.

"사장님, 제발 이번 기회를 얻을 수 있도록 도와주세요. 저에게 정말 중요합니다!"

며칠 동안 그녀는 걸핏하면 문자를 보내 사장에게 이 기회를 자신에게 달라고 부탁했다. B 씨도 사장에게 말했다.

"저에게 얻기 힘든 기회이고 도전입니다. 이번 트레이닝에서 우수한 성과를 보일 자신이 있습니다. 우리 부서를 부끄럽게 하지 않겠습니다. 사장님이 도와주신다면 정말 감사하겠습니다. 절대 사장님의 믿음을 저버리지 않을 테니 저에게 기회를 주시기 바랍니다."

오래지 않아 결과가 나왔고, B 씨가 기회를 얻었다. 사장은 "B 씨는 자신감이 넘쳤고, 말에는 쩌렁쩌렁 힘이 넘쳤습니다. 저는 그녀의 뼛속 깊이 새겨진 충성심을 느낄 수 있었고, 그녀가 실망을 주지 않으리라 생각합니다."라고 솔직하게 말했다.

상대방이 잠시 당신의 부탁을 들어주지 않는다고 해서 절대로 무턱대고 그가 '이기적이고', '냉정하며', '무능하다'고 비난하지 마라. 상대방이 어떤 태도이건 간에 당신은 예의를 차려야 하고 그래야 이후에 그 사람과 계속 평화롭게 관계를 유지할 수 있다. 그리고 부탁을 할 때는 한 번에 하는 것이 좋다. 여지를 남겨서 나중에 적당한 기회에 다시 또 부탁할 생각은 하지 마라.

상대를 위한다면

|

때와 장소를 가려야 한다

2018년 9월, 온라인 커뮤니티의 피드가 한 소식으로 도배되었다. 한 엄마가 딸의 칭화대학 합격통지서를 받고 너무 기쁜 나머지 통지서를 사진으로 찍어 올렸다. 이 엄마는 친구들이 축하를 많이 해주리라 기대했다. 그런데 얼마 지나지 않아 커뮤니티에서 강퇴당한 사실을 알게 됐다. 그녀는 운영자를 찾아가 자초지종을 물어보려 했지만 그마저 자신을 차단한 것을 알고 절망했다. 너무 거창하게 자신의 자랑을 떠벌려 이런 사달이 벌어진 것이다.

한때 인터넷에서 "당신이 잘 못 지내면 슬프고, 나보다 잘 지내면 더 슬프다."라는 말이 유행했다. 쓸쓸한 말이지만, 많은 이가 공감을 표했다. 사촌이 땅을 사면 배가 아프다는 말이 있듯이 가족이나 친한 친구라도 자신보다 더 풍족하고 행복한 것을 쉽게 받아들이기 힘들다. 하물며 학급 친구나 직장 동료 같은 관계라면 더 말할 것도 없다.

한 영업왕은 자신의 가장 첫 번째 영업 비결은 항상 성실하고 겸손하며 잘난 체하지 않는 것이라고 말했다. 교만할수록 거래 성사량이 떨어진다는 것이다.

우리는 다른 사람보다 한 가지 혹은 여러 면에서 앞서 있으면 심리적으로 우월감이 생겨 자신도 모르게 우쭐거리게 된다. 예를 들어 아픈 사람의 병문안을 가서 자신은 건강해서 다행이라고 생각한다. 하지만 이 생각을 환자들에게 들키면 이건 그들을 더 괴롭히는 일이 된다. 자신이 힘들게 이룬 성과를 많은 사람에게 자랑하고 싶겠지만 때와 장소, 상대를 가리지 않고 자랑한다면 사람들에게 그릇이 작고 우쭐거린다는 인상만 남길 뿐이다.

자랑과 잘난 척도
때와 장소를 가려라

상황이 힘든 사람의 마음은 마치 온몸에 더듬이가 난 것처럼 매우 여리고 약하다. 당신의 본래 의도는 단지 기쁨을 나누려고 자신의 자랑을 했을 뿐이지만, 상대의 눈에는 본인의 처지를 더 비관적으로 보게 만들 수 있다. 실의에 빠진 사람에게 이것은 커다란 상처가 된다.

1952년 『색, 계』를 쓴 소설가 장아이링張愛玲은 중국을 떠나 친한 친구 옌잉이 있는 일본으로 건너갔다. 당시 장아이링은 경제적으로 매우 궁핍하고 초라했다. 반면 옌잉은 인생에서 가장 풍요로운 시절을 보내고 있었다. 장아이링이 우울하고 불행할 때, 옌잉은 그녀의 심정을 알아차리지 못했을 뿐만 아니라 오히려 끊임없이 그녀 앞에서 자신의 사업이 얼마나 성장했는지, 인생이 얼마나 순조롭고 만족스러운지를 늘어놓았다.

옛 친구의 거만한 말투에 장아이링은 반감을 느꼈다. 나중에 그들은 차례로 미국으로 갔고, 장아이링은 작가 페르디난드 레이어를 만나 재혼했다. 레이어는 비록 재능이 많았지만 이미 환갑이 다 된 나이였고 경제적으로도 어려웠다. 건강마저 안 좋았던 그는 여러 번 뇌졸중을 겪어 장아이링의 마음은 더욱 무겁고 우울했다. 이런 그녀의 상황에도 아랑곳없이 옌잉은 끊임없이 그녀에게 편지를 보내 자신의 부유함과 행복을 과시하였다. 당연히 점차 장아이링이 옌잉에게 보내는 답장은 줄어들었다.

그 누가 자신의 인생은 언제나 순탄할 거라고 장담하겠는가. 인간 만사 새옹지마이고 언제 어느 순간 어떤 변화를 겪을지 알 수 없다. 분수를 아는 사람은 이러한 인생 진리를 아는 만큼 실의에 빠진 사람 앞에서 좀처럼 자신을 자랑하지 않는다. 타인에게 상처를 주지 않기 위해 입으로 재앙을 만들지 않으려고 애쓴다. 그러나 됨됨이가 제대로 갖춰지지 않은 사람은 때와 장소를 가리지 않고 자화자찬을 한다. 친구에게 자랑해 미움을 샀다면 당신이 실의에 빠졌을 때 그 어떤 도움도 받을 수 없다. 친구는 지금 당신이 막다른 길에 몰려 어쩔 수 없이 겸손한 척한다고 보기 때문이다. 과거에 당신이 친구를 인정하지 않았던 것처럼 지금의 친구도 당신을 인정하지 않을 것이다. 아마 당신이 초라해질 때쯤이면 그간 했던 이야기가 부메랑이 되어 당신의 발목을 잡을 것이다. 주위 사람들도 대부분 당신에게 냉소적인 말을 건넬 뿐 따뜻하게 위로하거나 도움을 주지 않을 것이다.

분수를 아는 사람은 실의에 빠진 사람을 만날 때, 비록 자신이 이룬 성과와 명성이 뛰어나더라도 일부러 어려운 점을 찾아 상대방에게 이야기한다. 그러면 상대는 '지금 힘든 사람이 나뿐만은 아니구나.'라며 위안을 얻는다.

실의에 빠진 사람들은 대부분 민감하고 감정적이어서 조금만 동요하면 마음속에 한바탕 소란이 일어난다. 만약 인생의 바닥에 있는 친구들이 우리에게 걱정거리를 토로한다면, 우리는 더 큰 인내심을 발휘해 그들의 말에 마음을 다해 귀 기울여야 한다. 그가 힘든 점을 이야기할 때 참을성 있게 듣고 세심하게 위로하며 건설적인 의견을 전하는 것이 좋다.

무엇이 인간관계를 힘들게 하는가

배움이 많지 않은 사람 앞에서 지식을 뽐낸다고 한들 재능이 있어 보이기보다 천박하고 무지해 보일 것이다. 실의에 빠진 사람 앞에서 자신의 자랑거리를 함부로 말하는 것은 비록 일부러 과시한 것이 아니라 해도 상대방에게 원한을 살 수 있다. 좋은 인맥을 갖고 싶다면 말을 조심하고 차분하게 행동할 줄 알아야 한다.

직설적 화법의 소유자가

반드시 지켜야 할 선

누군가 "내가 좀 직설적이야."라고 말하면 나는 막 식은땀이 나기 시작한다. 분명 그다음에는 매우 귀에 거슬리는 말이 나오기 때문이다. 예를 들면 "너 요새 살쪘지?", "왜 아직 결혼을 안 했니?", "남자 친구랑은 어떻게 지내?" 등등의 신경에 거슬리는 말들이 쏟아져 나온다. 흔히들 단순하고 거리낌 없는 사람의 말을 요즘 말로 '사이다 발언'이라고 생각한다. 하지만 이런 사람은 처음에는 솔직해서 재미있다는 이유로 환영을 받지만, 시간이 지날수록 기피 대상이 된다. 그들은 너무 직설적이라 늘 다른 사람을 난처하게 한다. 자신의 모습대로 사는 것과 무례함은 한 끗 차이다.

중국의 사상가 순자荀子는 "다른 이에게 하는 선한 말은 옷보다 따뜻하고, 다른 이에게 상처 주는 말은 가시보다 깊이 박힌다."라고

무엇이 인간관계를 힘들게 하는가

말했다. 분수를 아는 사람은 너무 솔직하거나 직설적으로 말하지 않는다. 솔직함이 도를 넘으면 사람들에게 속물적이고 예의가 없으며 이치에 맞지 않는다는 나쁜 인상을 준다는 것을 알기 때문이다.

말문을 여는
세 개의 문

일상에서 당신이 계속 '직설적'이기만 한다면 상대방에게 마음의 상처를 줄 것이다. 이제 막 아이를 출산한 지인의 집에 놀러 가 '부모 둘 다 인물이 출중한데 아이는 누구를 닮았는지 모르겠다'며 상처 주는 말을 하고도 밥이 넘어가는가. 동료가 SNS에 셀카를 올렸는데, 굳이 찾아가 '보정 앱으로 찍은 거지? 어쩐지 너 같지 않더라.'라고 말할 것인가. 그랬다가 사람들에게 차단당하지 않으면 다행이다.

미국 예일대학교의 스테이트 보 교수는 일찍이 어리석음의 다른 말이 '자기중심성'이라고 했다. 성인들의 관계는 '호혜의 원칙'에서 벗어날 수 없다. 다른 사람이 당신의 자존심을 돌봐 주길 원한다면 그에 상응하는 노력을 해야 한다.

마음 그릇이 작으면 자신만 담을 수 있고 다른 사람은 품을 수 없다. 그러면서 다른 사람이 당신을 품어 주기를 기대하지 마라. 이것이 바로 '등가교환 법칙'이다. 분수를 아는 사람은 사실을 말할지라도 정도의 선을 지킨다. 그들은 항상 사실을 알아도 함부로 말하지 않고 완곡하게 표현하며, 다른 사람의 자존심을 배려해 지혜롭다는 느낌을 준다.

진실을 말하고 싶다면 완곡하게 선택적으로 말해야 한다. 옛말에 "존귀한 사람은 치욕을 숨기고, 현명한 사람은 잘못을 숨기고, 친한 사람은 병을 숨긴다."라는 말이 있다. 굳이 드러내지 않아도 될 잘못은 함부로 말하지 마라.

불교와 힌두교에는 제자에게 소중히 간직해 두었던 비밀을 물려주는 전통이 있다. 바로 '말문을 여는 세 개의 문'이다. 말하기 전에 먼저 자신에게 "이것이 진짜인가? 이것은 선의에서 나오는 것인가? 과연 필요한 일인가?"라고 세 번 물어보는 것이다.

말은 비수나 날카로운 칼이 되어 다른 사람의 마음을 깊이 찌를 수 있다. 입을 열기 전에 이 세 가지를 자신에게 물어보라. 그러면 적어도 뭔가 어긋난다는 것을 알아차렸을 때 즉시 자신의 입을 다물 수 있을 것이다.

무엇이 인간관계를 힘들게 하는가

대인관계에서 분수를 아는 사람들은 '만사에 한 가닥의 여지를 남겨 두면
나중에 웃으며 다시 볼 수 있다'는 이치를 알고 있다.
원칙에 영향을 미치지 않고, 옳고 그름을 굳이 따질 필요가 없는
일에 대해서 그들은 항상 웃어넘겨 왔다.

Chapter 2

각자의 영역에서
조화롭게 어울리기

연인 사이에

가장 조심해야 할 행동

한 리얼리티 프로그램에 젊은 커플이 초대되었는데 남자가 연인을 거만하게 대하면서 끊임없이 "무능하다, 매력없다."라는 평가를 늘어놓는 모습에 시청자들은 눈살을 찌푸렸다.

반면 그 현장에 있던 상담사의 피드백이 인상적이었다.

"능력 있는 남자는 자신의 연인을 부정하지 않습니다. 상대방의 못난 모습을 들추어 스스로가 잘났다고 증명하는 것은 어리석고 나약한 행동입니다. 당신은 승리자의 입장에서 거만하게 굴면서 연인을 굉장히 하찮게 생각하고 있습니다."

연인 사이에서는 시간이 갈수록 서로를 깎아내리고 무시할 때가 가장 무섭다. 사람들은 낯선 사람에게는 깍듯이 예의를 갖추면서 정작 친밀한 사람에게는 가차 없이 대하는 잘못을 저지른다. 이 나

무엇이 인간관계를 힘들게 하는가

쁜 습관을 고친다면 삶에 아무런 문제가 없을 것이다.

커플은 불만이 쌓이면 항상 가장 듣기 싫은 말로 서로를 공격한다. 이것은 당신의 편협하고 이기적인 면을 부각시킨다. 다른 사람의 악의와 트집은 당신을 쉽게 쓰러뜨리지 못하지만, 사랑하는 애인의 비웃음과 공격은 당신을 깊은 동굴로 숨어들게 만든다.

건강한 이성 관계는 긍정적인 힘이 충만하다

한 번쯤 이런 의문을 가져 봤을 것이다. '왜 나는 항상 상대방이 못마땅하다고 생각할까? 그가 어떻게 하든 마음에 안 드네. 그가 더 나아지길 바라는 건가?' 끊임없이 연인에게 요구하고 트집을 잡는 행위는 결국 사랑이 없어서 나오는 것이다. 사랑이라는 감정에 푹 빠지지 않았기 때문에, 내면의 허전한 공백을 메우기 위해 상대방에게 끊임없이 요구하고 거리낌 없이 상처를 주는 것이다.

또 다른 사람들은 스스로 완벽주의자를 자처하며 무엇을 하든 모두 높은 기준을 들이밀면서 습관적으로 다른 사람들이 자신의 요구에 따르도록 한다. 그들은 연인이 자신에게 무조건 복종해서 자신이 원하는 '완벽한 연인'이 되기를 바란다. 평소에는 매우 온화하고 자상하게 행동하지만, 내심 그를 만족스러운 모습으로 개조하는 데 집착한다.

그들이 이렇게 하는 것은 일종의 '주도권'을 이용하여 안정감을 얻기 위해서다. 그들이 자신의 연인에게 불만을 품고 깔보는 것은 모두 상대의 자신감을 꺾고, 상대로 하여금 스스로 '미약하고 비천하다'고 여기게 하여 주동적으로 자신의 생각대로 움직이게 하기 위해서다. 이른바 정신적인 학대인 '가스라이팅'인 것이다.

당신이 서로 비하하는 사랑을 하고 있다면, 지금부터 변하기 위해 애쓰든지 아니면 과감히 발을 빼라. 당신의 짝이 거리낌 없이 폭력을 쓰거나 모욕하는 것을 즐긴다면 용감하게 그에게 맞서라. 그런 사람은 점점 당신의 자신감을 떨어뜨리고 당신으로 하여금 자기 자신에 대한 잘못된 인식을 갖게 만들 수 있다. 말이 아닌 비언어적 행동인 몸짓이나 눈빛 등으로도 상처를 줄 수 있다. 미간을 찌푸리고, 상대방이 싫어하는 모습을 보이며, 끊임없이 무거운 탄식을 내뱉는다면, 상대방을 수렁에 빠지게 할 수 있다.

언젠가 인터넷에서 이런 말을 본 적이 있다.

"결혼한 뒤에 남편에게 칭찬을 많이 받는 여자는 갈수록 예뻐질 것이다. 같은 맥락에서 아내에게 칭찬을 많이 받는 남편은 점점 더 훌륭해질 것이다. 그들의 결혼생활도 점점 더 조화를 이루고 행복해질 것이다."

트집과 비하는 서로의 관계를 더욱 멀어지게 할 뿐이다. 설령 연인이 용납할 수 없는 행동을 하더라도, 상대방을 헐뜯기보다는 잘

이야기하고 차분한 마음으로 상황을 바로잡아야 한다. 이것은 문제를 해결하고 분쟁을 피하게 할 뿐만 아니라, 서로를 향한 사랑도 고취시킬 수 있다.

진정으로 건강하게 균형 잡힌 이성 간의 관계는 긍정적인 힘이 충만하다. 애인의 칭찬과 위로는 삶에서 가장 아름다운 면을 보게 하며 자신감을 가져다준다. 반대로 서로 깎아내리는 것은 감정의 골만 깊어지게 한다.

언어에도

|

온도가 있다

아내가 말했다. "빨리 바닥 좀 닦아 줘. 언제까지 꾸물거릴 거야?" 남편이 반문했다. "말 좀 예쁘게 해. 내가 네 종이냐?"

두 사람은 서로 신경이 곤두서서 점점 더 무자비하게 싸워 댔다. 만약 말투만 조금 바꿨더라면 일상의 작은 에피소드가 되었을 것이다. 어쩌면 오히려 이런 작은 마찰로 부부간의 감정이 더 좋아지는 계기가 되었을 수도 있다. 제발 "당신 지금 당장…", "어서 빨리 가서…" 같은 말을 쓰지 마라. 부드러운 어조로 "여보, 오늘 하루 종일 서서 일했더니 정말 피곤하네. 청소기 좀 돌려줄 수 있어? 나는 맛있는 저녁 밥상을 준비할게."라고 말해 보자. 상대가 이렇게 말하는데 어떻게 얼굴을 찌푸릴 수 있겠는가. 즐겁게 청소를 하고 설거지를 할 것이다. 무슨 일이든 배우자와 상의하고, 동등한 사랑과 인내심을 보여라. 늘 명령조로 말한다면 누구든지 화를 낼 것이다.

'양지앙楊絳과 치엔종슈錢鍾書'라고 불리는 사랑이 있다. 일찍이 양지앙 작가는 "부부는 평생의 친구여야 한다. 비록 마음이 꼭 맞는 친구가 아니더라도 서로 존중하는 배우자가 되어야 한다. 연인의 관계는 친구보다 오래가지 못한다. 부부이지만 친구가 아니라면 헤어질 수밖에 없다."라고 말했다.

친구를 대할 때 최소한의 존중과 공손함은 꼭 필요하다. 당신은 결코 친구에게 명령조로 말하지 않을 것이다. 하지만 사랑하는 사람에게는 상대방의 선을 끊임없이 넘으려고 도전한다. 마치 친밀한 관계일수록 횡포를 부리고 무례해도 된다는 식으로 생각하는 것 같다.

"새로 올린 사진에 '좋아요'를 눌러 줘, 빨리!", "차 한 잔만 가져와, 얼른!" 이런 식으로 연인이 당신을 지휘하고 명령한다면 그와의 관계에 분명 문제가 생길 것이다.

명령할수록
상대의 마음은 식어 간다

언어에도 온도가 있다. 딱딱한 태도로 거칠게 말을 하면서 걸핏하면 연인에게 이것저것 해 달라고 명령한다면 당연히 상대의 마음은 서늘해질 것이다. 문제가 생긴다 해도 일단 예의를 갖춰 상의한다면 사람들은 귀하게 대접받는 느낌을 받는다. 아무리 단단하게 굳어 있던 마음도 따뜻한 말 한마디에는 부드럽게 녹아내린다.

밤늦게까지 야근하고 회사를 나서던 여자 친구가 남자 친구에게 '지금 뭐 해?'라고 메시지를 보냈다. 한참이 지나서야 남자 친구가 답을 보냈다. '오늘은 일찍 퇴근해서 지금 게임하면서 널 기다리고 있지.'

그녀는 남자 친구가 보낸 문자를 생각할수록 쓸쓸해졌다. '나는 힘들게 야근하고 있는데 너는 편안하게 게임을 하고 있었단 말이지. 날이 이렇게 어두워졌는데도 먼저 나를 데리러 오겠다고 하지 않는단 말이지.' 그녀는 슬슬 화가 치밀어 대화창에 '일찍 끝났는데도 빈둥거리기나 해? 어서 빨리 데리러 와!'라고 막 전송 버튼을 누르려던 찰나 멈칫했다. 긴 호흡을 한 뒤 마음이 진정되고 나서 그녀는 단호하게 그 말을 지우고 이렇게 문자를 보냈다. '자기, 지금 시간이 늦어서 버스가 끊겼네. 좀 무서운데 데리러 와줄 수 있을까?'

남자 친구는 그녀의 메시지를 보자마자, 게임을 중단하고 급히 차를 몰아 그녀를 데리러 갔다.

어떤 상황에서도 명령식 말투는 사용하지 마라. 이것은 갈등과 오해만 불러일으킬 뿐이다. 사랑하면서 분수를 아는 사람은 얼굴

　　　　　　　　　　　　　무엇이 인간관계를 힘들게 하는가

에 항상 따뜻한 미소를 머금고 있으며 필요할 때 적절한 애교를 부린다.

사랑하는 연인은 서로 평등한 관계다. 그렇기에 상대방의 의견을 동등한 위치에 두어야 하며 한쪽이 다른 쪽을 제압해서는 안 된다. 명령조로 말하는 것은 상대의 감정을 고려하지 않고 자신의 뜻을 강요하는 것과 같다. 이것은 서로의 감정을 먹구름에 휩싸이게 한다.

부부든 커플이든 두 사람 사이의 교제에는 약간의 패턴이 필요하다. 분수를 아는 사람은 모든 일을 서로 즐겁게 상의해야 문제도 원활히 해결되고 관계도 부드러워지며, 달콤한 사랑이 가득하다는 것을 잘 안다.

행복한 관계를 위해선

한 발 물러날 줄도 알아야 한다

"나를 찍은 사진을 보정도 안 하고 SNS에 올리다니! 날 사랑하지 않는구나!"

한 아내가 남편이 자신의 사진을 수정도 하지 않고 SNS에 올린 것을 원망하며 울기 시작한다. 이 밖에도 부부는 누구의 집에서 설을 지내야 하는지를 두고 시도 때도 없이 싸웠고, 남편은 아내가 처가에 갈 때마다 술을 너무 많이 마신다며 불평했다.

이 젊은 부부와 달리 백발이 성성한 결혼 50주년을 맞은 한 쌍의 노부부는 서로 물잔을 건네면서도 눈빛을 주고받는다. 이들의 사랑은 소박하고 끈끈해 보였다. 갈수록 기억력이 감퇴하는 남편이 아내의 이름을 잊어버려도 아내는 남편에게 섭섭해하지 않는다. 그녀는 "그는 내 이름을 잊었지만, 그의 자존심을 지켜주기 위해 얘기하지 않아요."라고 말한다.

    옛말에 인생은 십중팔구 뜻대로 되지 않는다고 했다. 부부와 커플 사이의 진한 애정은 쉽게 사그라진다. 갖고 있던 것들이 사라져서 평범한 행복이 떠나갈 때야 당신은 자신의 상스럽기 짝이 없는 모습에 깜짝 놀랄 것이다. 피차간에 원망과 비난이 쇄도하고 미움이 가득해서 그것들은 마치 날카로운 가위가 되어 사랑을 산산조각 나게 만든다.

    사랑은 이토록 연약하다. 화가 나는 일 앞에서 연인이 당신을 용서하지 않고 지난 일을 들추면 당신의 모든 자신감과 인내심은 무너져 내릴 것이다. 원망과 비난의 말을 입 밖에 내뱉는 순간, 마치 깨끗한 벽면에 박힌 못을 뽑는 것 같아서 뽑은 후에도 그 상처를 감출 수 없다. 사랑에서 가장 중요한 것은 나쁜 일을 당하더라도 서로 감싸 안으면서 따뜻하게 해 주는 것이다. 서로를 이해하고 위로하느라 바쁘고, 서로 서둘러 어려운 문제를 해결해 주려고 해야 한다. 사랑할 시간도 짧은데 원망하며 보내서야 되겠는가.

    대만의 국민 사회자로 유명한 차이캉융은 일찍이 "연애의 기념물은 당신이 나에게 준 시계나 목걸이가 아니었습니다. 심지어 달달한 문자나 함께 찍은 사진도 아니었습니다. 연애의 가장 소중한 기념물은, 마치 하천이 지형을 바꾸는 것처럼 당신이 나에게 보여 준

'변화'입니다. 사랑하기 때문에, 상대방의 입장에서 생각하려 하고, 즐거운 분위기를 만들고, 상대방을 이해하고 용서하며 자신과 상대방의 세계에서 균형을 찾는 모습입니다."라고 말했다.

사랑은
춤을 추는 것과 같다

2018년 새해 벽두에 광시 구이린의 한 젊은 커플은 엄청난 화재로 포근한 보금자리였던 집을 잃고 말았다. 하지만 그들은 서로를 비난하거나 책임을 전가하지 않았다. 곤경에 처한 상황에서도 "다 잃어버려도 괜찮아. 우리가 무사하잖아."라며 서로를 위로하고 격려했다. 사실 연인이 필요로 하는 것은 그저 상대의 따뜻한 포옹과 위로다. 나의 반쪽을 위해 앞으로 나아갈 길을 상의해 나가야 한다.

사랑은 마치 춤을 추는 것과 같아서 한쪽이 스텝을 밟으면 다른 쪽은 뒤로 물러나야 한다. 이런 암묵적인 약속이 있어야만 마음껏 춤을 추면서도 엉키지 않을 수 있다. 서로가 언제 나서고 물러나야 할지도 모르면서 서로가 앞서거니 뒤서거니 이기려다가 결국에는 두 사람 모두 처음의 진심을 잃게 된다.

당신이 끊임없는 원망과 비난으로 시간을 낭비할 때, 인생의 모든 즐거움은 사라진다. 당신이 해야 할 일은 지금의 달콤함과 행복을 진지하게 느끼는 것이다. 식사를 할 때는 상대방이 정성껏 준비한 음식을 감사한 마음으로 음미하고, 산책을 할 때는 어깨를 나란히 하며 설렘을 가슴으로 느끼고, 갈등이 생겼을 때는 상대방의 마음을 먼저 헤아리는 습관을 들이고, 곤란에 처했을 때는 진지하게 격려와 지지를 보내는 것이다.

남에게 상처 주는 말은 아직 입 밖으로 내지 않은 그때, 모두 잊어버려도 괜찮다. 상대방에게 감정을 표현하고 싶을 때면 감정이 사라지기 전에 불평 대신 '자상함'으로, 다툼 대신 '용서'로 바꿔야 한다. 그래야 비로소 행복한 감정을 맞이할 수 있다.

부족함을 받아들일수록

완전해지는 사랑

처음으로 누군가를 사랑했을 때 당신은 그의 모든 것이 다 좋다고 생각하지만, 오랫동안 함께 지내다 보면 점점 그의 단점이 눈에 들어온다. 상대가 자신이 생각했던 완벽한 이상형에 가깝지 못해 의심하게 되고 실망하게 된다면 이것이야말로 유감스러운 일이다. 하지만 조만간 당신은 이 세상에 완벽한 사람은 없다는 것을 알게 된다. 우리는 모두 결점이 있고, 연약한 부분이 있다. 상대를 너무 가책하며 몰아세우면, 서로를 고통에 빠뜨릴 뿐이다. 자신의 기분과 독선적인 우월감을 발산하기 위해 지나치게 연인의 결점을 확대하지 마라. 상대방의 불완전함에 집착하지 마라. 세월은 포용의 의미를 가르쳐 줄 것이다.

싱가포르의 한 광고는 사람들에게 깊은 인상을 주었다. 광고 속 여인은 남편의 장례식에서 남편이 얼마나 대충대충 살았는지를 묘사한다. 그녀는 남편이 시끄럽게 코를 골고, 어디서나 방귀를 뀌는 모습을 과장되게 말했다. 자녀들은 모두 침묵한 채 한쪽에 서서 민망해하는 표정을 지었다. 한순간 여자는 멈칫하더니 천천히 말했다. "그런데 제 남편이 정말 심하게 아파서 내는 그 앓는 소리가 적어도 나에게는 그가 여전히 살아 있다는 것을 알게 해 주었어요." 그녀의 슬픈 표정은 사람들의 마음을 울렸고, 모두 묵묵히 듣기만 했다. 여자는 남편의 영정사진을 정답게 응시하며 흐느끼듯 말했다. "이제… 다시는 잠들기 전에 그 소리를 들을 수 없겠죠. 생명의 끝에 가면 늘 이런 사소한 일들이 우리에게 영원히 기억돼요. 그리고 이 작은 불완전함도 우리 인생의 '완벽함'을 이루었어요."

현장은 숙연해졌고 다들 깊은 생각에 잠겼다. 마지막으로 여자는 몸을 돌려 자녀들을 향해 이렇게 말했다.

"그래서 저는 언젠가 우리 아이들도 인생의 짝을 찾을 수 있을 거라고 말해 주고 싶어요. '불완전하지만 매우 아름다운 모습'의 사람을 만날 거라고요."

세상에
완벽한 사람은 없다

완벽함을 타고난 사람은 아무도 없다. 상대방의 결점이나 잘못을 따질 때, 스스로 돌아보라. 당신은 완벽한가? 외모는 아름답지만 성격이 모난 사람이 있는가 하면, 성격은 활발하지만 행동은 보수적인 사람이 있다. 천 명의 사람에게는 천 가지 외모와 천 가지 성격이 존재한다. 연인이 함께 있기로 결정하는 순간, 앞으로 서로 다른 점들을 함께 직면해야 한다는 것을 의미한다. 아마 당신의 연인에게도 당신을 참을 수 없게 하는 많은 단점이 있을 것이다. 세상에 완벽한 사람은 없기 때문이다. 다만 상대방이 더 나은 사람이 되도록 도울 뿐이다.

작가 양우생梁羽生은 32세 때 이미 홍콩의 《대공보大公報》 및 여러 신문 잡지에 여러 편의 소설을 발표하였다. 《대공보》의 부편집장은 아직 솔로인 그를 위해 자신의 조카딸인 린추이루를 소개해 주었다. 양우생은 그다지 흥미 없어 했지만 약속을 했으니 예정대로 소개팅 자리에 나갔다. 그녀를 처음 봤을 때 그는 조금 실망했다. 그는 피부가 희고 얌전한 여자를 좋아했지만, 린추이루는 피부가 까무잡잡한 편으로 그의 이상형이 아니었다. 하지만 그녀를 만나면서 그는 점점 이 대범하고 열정적인 아가씨에게서 독특한 매력을 느꼈다.

린추이루도 양우생이 그다지 만족스럽지는 않았다. 상대방이 자신보다 몇 살이나 더 많은데, 월급은 오히려 자신보다 많이 적었기 때문이다. 하지만 양우생이 신문에 발표한 소설을 읽었을 때, 그녀는 상대방의 재능에 매료되었다.

만난 지 한 달 후, 양우생은 병원에서 수술을 받게 되었다. 린추이루는 특별히 휴가를 내서 그를 돌보았다. 퇴원하던 날, 양우생은 그녀가 이리저리 애를 쓰며 그를 위해 퇴원 수속을 밟는 것을 보고, 마음속에 따뜻한 감정이 밀려왔다. 그래서 저도 모르게 한쪽 무릎을 꿇고 말했다. "전 가난하지만 열심히 원고를 쓰면 당신을 먹여살릴 수 있습니다. 저랑 결혼해 주세요!" 린추이루는 그의 말에 흔쾌히 동의했고, 주저하지 않고 그와 결혼했다.

결혼 후 얼마 되지 않아 양우생의 부족한 점들이 여실히 드러났다. 그는 기억력이 떨어졌으며, 위생을 신경 쓰지 않았고, 육류 위주의 식사를 했다. 린추이루는 여러 방법을 동원해 그를 변화시키려 했지만, 모두 효과를 거두지 못했다. 처음에 그녀는 남편의 각종 결점 때문에 속상하고 화가 났지만, 나중에는 한 가지 이치를 깨닫게 되었다.

진정한 사랑은 반드시 서로를 '포용'하는 것이라는 사실이다. 기왕 그를 사랑하기로 한 이상, 반드시 그의 모든 결점을 받아들이려 노력해야 한다는 걸 알게 되었다. 그들은 53년 동안 비바람도 불고 햇살도 강렬한 길고 긴 길을 걸어왔다. 그 험하고도 아름다운 길을 걸어오면서 그들은 상대방의 결점을 가감 없이 받아들였다. 그로 인해 그들은 50여 년의 긴 세월 동안 아름다운 사랑을 만들어낼 수 있었다.

우리는 어릴 때 속으로 가장 이상적인 짝을 만나 완벽한 인연을 맺기를 원해 본 적이 있을 것이다. 그러나 아무런 결점 없는 배우자와 아무런 흠도 없는 결혼은 일종의 꿈에 불과하다. 현실에서는 대부분 눈감아 주는 넓은 마음과 사랑이 바탕이 된 이해와 용서가 필요하다.

어쩌면 상대방을 싫어하는 것이 이미 결혼생활의 한 모습으로 자리 잡았는지 모른다. 하지만 완벽하지 않은 결혼과 사랑도 각기 그만의 소중한 점이 있다는 것을 언젠가는 발견할 것이다. 그렇게 천천히 어떻게 연인과 어울릴지, 어떻게 서로를 도와줄 수 있는지를 배울 수 있을 것이다. 기억하라. 당신이 빠르게 용서하고 상대방의 불완전함을 받아들일수록 더 빨리 행복해질 것이다.

무엇이 인간관계를 힘들게 하는가

사랑을

|

함부로 시험해선 안 된다

한동안 SNS를 달군 실화가 있다. 한 여성 네티즌은 결혼 전에 남자 친구의 사랑이 어느 정도인지 늘 궁금했다. 그래서 일부러 SNS에 다른 계정을 만들어 남자 친구를 테스트해 보기로 했다. 처음에 그녀는 자신감이 충만했다. 남자 친구는 평소에 성실하고 정직해서 모두가 말하는 바른 청년이었기 때문이다. 하지만 남자 친구를 100% 신뢰할 수 없었다. 주위에서 끊임없이 그녀에게 남자를 조심하라고 말하는 사람이 많았기 때문이다. 그런데 재미로 해본 테스트가 문제를 일으키고 말았다.

남자 친구는 가짜로 만든 계정의 그녀와 점점 더 즐겁게 이야기를 나눴다. 그러던 중 여자 친구는 조금 더 강도를 높여 남자 친구를 떠보기로 했다. 남자 친구에게 슬쩍 "내일 저녁에 시간 있어? 직접 만나 보고 싶네."라는 제안을 했다. 그러자 남자 친구는 한 치의 고민도 없이 "그래, 어디서 만날까?"라고 대답을 했다. 남자 친구의 대답을 들은 여성은 화가 치밀어 정색하며 실토하고 말았다. "만나자고? 설마 다음 달에 결혼한다는 걸 잊은 건 아니지? 웨딩 사진도 다 찍었잖아!"

주변에 다른 사람도 이 네티즌의 방법대로 남자 친구를 테스트했다. 다행히 그 남자 친구는 무사히 테스트를 통과했지만, 자신을 신뢰하지 못했다며 그녀와 크게 말다툼을 했고, 결국 헤어지는 지경에 이르렀다.

입장을 바꿔 생각해 보면, 남자의 마음을 이해할 수 있을 것이다. 마치 옷가게에서 옷을 둘러보고 있는데 점주가 느닷없이 당신이 물건을 훔쳤다고 의심하더니 강제로 몸수색을 한 것과 다름없다. 비록 결백이 증명됐다 해도 이미 가게 주인의 이유 없는 의심과 모멸감에 분노가 끓어 오를 것이다.

다른 사람이 당신을 의심하면 분노가 올라온다. 하물며 당신과 늘 함께하고 두터운 정을 나누는 당신의 짝이 이런 행동을 할 경우는 말할 것도 없다. 당신의 반쪽이 테스트를 통과했는지는 중요하지 않다. 당신이 상대방의 행동을 테스트하는 것 자체가 잘못된 것이다.

결혼하기 전
여행을 하면 알 수 있는 것들

사람들의 마음은 너무 복잡해서 단순한 테스트로 알아내기 어렵다. 절대 마음대로 우정이나 사랑을 시험하지 마라. 만약 상대방이 시험을 통과하지 못한다면 당신은 매우 우울해질 것이다. 만약 상대방이 운 좋게 시험을 통과했다 해도 마음이 그리 쉽게 정리되지 않는다.

사랑은 믿음 안에서 견고해진다. 인터넷에는 〈남자 친구를 시험하는 10개의 문제, 모두 맞혀야만 결혼할 수 있다〉, 〈여자의 내면을 꿰뚫어 보기 위해 사용할 수 있는 방법들〉과 같은 내용이 돌아다닌다. 이런 '비결'을 모두 믿어서도 안 되고, 테스트도 하지 마라. 사람과 사람 간의 경험은 다 달라서 사랑을 하나의 주제로 규정할 수 없다. 그러니 어떻게 표준 답안을 찾을 수 있겠는가?

사랑을 테스트하는 것은 마치 판도라의 상자와 같아서 열어 보고 나면 쉽게 통제할 수 없다. 만약 당신이 상대방을 사랑한다면 반드시 그를 믿어야 한다. 사소한 일 때문에 배우자의 진심을 의심하거나 심지어 상대방을 테스트해서 진심을 간파하려 하지 마라. 그것은 자신들의 사랑에 대한 모욕이다.

물론 때때로 적당한 테스트는 필요하다. 이런 테스트는 일부러

함정에 빠뜨려 상대방을 곤란하게 만드는 테스트가 아니다. 긍정적이고도 건강한 테스트이다. 예를 들면, 결혼하기 전이나 혹은 위기에 처했을 때 어떻게 대처하는가를 보는 실험이다. 가장 좋은 방법은 같이 여행을 가는 것이다.

철학자 치엔종슈는 『위성』에서 "결혼하고 신혼여행을 가는 것은 순서가 뒤바뀌었다. 먼저 같이 한 달 동안 여행을 가야 한다. 여행을 다녀온 후에도 아직 서로를 잘 파악할 수는 없지만 상대방에 대한 감정이 싫지 않고, 다투지도 않았으며, 원래의 결혼 약속을 유지하기 원하는 부부들은 이혼하지 않을 것이라고 장담한다."라고 말했다.

일본에는 '나리타에서 헤어짐'이라는 말이 있다. 나리타 공항은 '이별 공항'이라고도 불리는데, 많은 부부가 신혼여행을 하면서 생긴 갈등으로 종종 나리타 공항에서 헤어지기 때문이다. 이것은 사실 치엔종슈가 말한 것과 같은 이치이다. 여행하다 보면 보통 서로의 생활 습관과 가치관이 드러나게 마련이라 부딪히기 쉽다.

사랑에 빠진 남녀를 '여행'이라는 특정한 환경에 두면 마치 짧은 결혼생활을 경험하는 것과 같다. 어디에서 놀지를 정하고, 호텔을 예약하고, 이동 방법을 선택하는 등의 사소한 일은 종종 자신들의 실제 일상을 보여 주고, 가장 진실한 자신을 있는 그대로 드러내는 순간이다.

　　　　　　　　　무엇이 인간관계를 힘들게 하는가

여행하다 보면 항상 의외의 일이 발생한다. 만약 서로에 대한 애정, 존중 및 인내심이 부족하면, 커플 사이에 쉽게 갈등이 생길 수밖에 없다. 갑자기 뜻하지 않은 어려움을 만났을 때 어떻게 대처해야 하는지, 사람을 어떻게 대해야 하는지, 어떤 일을 어떻게 처리해야 할지에 대한 것들이 모두 갈등에 포함된다. 만약 일 처리 방법이나 관념이 서로 너무 다른 데 여기에 포용력마저 부족하면 다툼은 불을 보듯 뻔하다.

누군가는 "사랑을 함부로 테스트하지 마라. 아마도 대가를 지불할 수 없을 것이다."라고 말한다. 정말 맞는 말이다. 설령 당신이 민감하게 감정에 문제가 생겼다는 것을 인식했더라도 현실을 직시하고 자신의 감정을 다스리면서 상대방을 존중해야 한다.

사랑한다는 건

서로를 존중하는 것

    중국 양지앙 선생의 『아버지를 기억하며』를 읽을 때면 한 글귀가 매번 마음을 울린다. 그녀는 "나의 부모님은 마치 오랜 친구 같다. 자녀인 우리는 어릴 때부터 어른이 될 때까지 부모님이 싸우는 모습을 한 번도 본 적이 없다. 옛날엔 부부끼리 싸우더라도 대개 여자 쪽이 마음에 억울함을 묻어둘 뿐 부부 사이에 말도 많지 않았다. 하지만 우리 부모님은 오히려 아주 작은 것까지 다 얘기하셨다."라고 썼다.

    양지앙의 아버지는 변호사로 일하셨는데 비록 양지앙의 어머니가 법에 대해 전혀 알지 못해도 아버지는 매번 사건을 처리하고 나면 인내심을 가지고 어머니에게 이야기해 주었고, 두 사람은 함께 분석하고 함께 의논하였다. 때때로 양지앙의 어머니는 일상생활의

무엇이 인간관계를 힘들게 하는가

관점에서 사건에 대한 소감을 말하곤 했다. 설령 어머니의 말이 허술하게 들릴지라도 아버지는 경청했다. 양지앙의 아버지는 어머니를 매우 존중하였다. 아내가 비록 법률을 배우지는 않았지만, 그는 여전히 부부간에 공통 화제와 추억을 만들기 위해 노력하였다.

진정한 사랑이란
독립적 개체로 존중하는 것

실제로 가장 좋은 사랑은 오랜 친구처럼 어떤 대화든 나눌 수 있는 관계이다. 서로 사랑하는 두 사람이 서로 존중하고 칭찬해야 상대방의 정신세계를 탐색하고자 하는 흥미와 궁금증을 가질 수 있고, 그때야 비로소 깊이 있고 즐거운 대화를 나눌 수 있다.

두 사람이 서로를 충분히 존중하기 위해 필요한 것은 사랑이다. 하지만 많은 부부가 사소한 일에 감정 소모를 하며 점점 이 전제를 잊고 산다. 그러면 부부의 사랑은 비극으로 끝날 수밖에 없다.

여자 친구가 당신에게 회사의 고민거리에 대해 묻는데, "들어도 몰라."라며 얼버무리거나 아내가 남편에게 자신이 좋아하는 예술품을 설명하는 데도 귀찮아하며 "보는 안목이 없네."라고 비난하지는 않는가.

당신이 배우자나 연인을 조금도 존중하지 않는 것은 자신의 수준과 눈높이가 상대방보다 훨씬 뛰어나다고 생각하기 때문이다. 만약 당신이 상대에 대한 존중을 잃으면 관계는 점점 균형을 잃을 것이다. 그리하여 한쪽은 갈수록 제멋대로이고, 다른 한쪽은 마음속 사랑이 모두 소진될 때까지 굽히게 될 것이다. 이러한 관계는 설령 '함께 손을 잡고' 목표지점에 이른다 하더라도 아름답다고 할 수 없다.

마거릿 대처의 영국 총리 취임식은 매우 떠들썩하게 치러졌다. 식이 끝난 후에 그녀는 매우 기쁜 마음으로 집에 돌아왔다. 그 시각 그녀의 남편은 부엌에서 아내를 위해 축하파티를 준비하고 있었다.

마거릿 대처는 창문 틈으로 이 모습을 보고, 남편을 살짝 무시하고 싶은 마음이 들었다. 그녀가 초인종을 누르자 집 안에서 "누구세요?"라고 물었다. 대처 부인은 고개를 들고 의기양양하게 말했다. "저는 영국 총리입니다." 하지만 시간이 흘러도 아무도 문을 열어주지 않았다. 대처는 문밖에서 조금씩 무언가를 깨달았다. 그녀는 목소리를 낮추고 부드럽게 말했다. "여보, 문 좀 열어 주세요. 당신의 아내가 왔어요." 그러자 빠른 발걸음 소리가 나더니, 잠시 후 남편이 문을 열고 나타나서 그녀를 따뜻하게 안아 주었다.

사랑하는 사람을 존중하는 것은 당신이 상대방의 가치를 존중한다는 것을 의미한다. 사랑하는 사람의 재능과 가치에 대해 지대한 존경을 보이며, 상대방이 인생의 밑바닥을 만났을 때 떠나지 않고 그가 다시 일어서도록 도와야만 비로소 함께 성장하고 서로 신뢰할

무엇이 인간관계를 힘들게 하는가

수 있게 된다.

진정한 사랑은 바로 이런 것이다.

"당신을 사랑하지만 나는 여전히 독립된 개체이다. 당신의 마음 속에는 아마 내가 모르는 비밀이 숨겨져 있을지도 모른다. 아마도 언젠가 당신은 나에게 그 존재를 알려 주려고 할 것이다. 하지만 그 전에 나는 반복적으로 당신의 마음을 살펴보거나 당신의 사생활을 파헤치려고 하지 않을 것이다. 당신의 마음속에 있는 당신만의 감정은 더더욱 방해하지 않을 것이다. 사랑하기 때문에, 존중하기 때문에, 나는 당신 마음속의 그 감정을 보호하고 싶다."

사람은 평생 2,900여 명의 사람을 만난다고 한다. 이 많고 많은 사람 중에서 서로 사랑할 확률은 0.000049%밖에 되지 않는다. 진정한 사랑은 서로 포용하고 서로 이해한다. 하지만 사랑은 무서운 것이기도 하다. 서로를 존중하지 않으면 모든 달콤한 추억과 뜨거운 감정이 서서히 소진되어 서로를 파멸의 구덩이로 밀어 넣기 때문이다.

사랑에도

|

휴식이 필요하다

중국 영화 〈아상화니호호적〉에서 남녀 주인공의 대화 중 한 대목이 매우 인상 깊었다.

"사랑해!"

"사랑한다고 하면서 내 문자를 훔쳐보고, 내 친구들의 전화를 못 받게 하고, 카메라로 계속 나를 찍어 대니, 마치 감옥에 있는 것 같아…."

영화에서 주인공 장량량과 먀오먀오는 막 사랑에 빠졌을 때는 즐거워서 어쩔 줄 모르며 서로에게 의지했다. 그러나 량량의 복잡한 여자관계로 인해 먀오먀오의 집착은 점점 커져 간다. 먀오먀오는 량량의 카드 사용 기록을 하나하나 대조하고, 그의 여자 동료에게 전화를 걸어서 마음을 떠보며, 량량의 집에 감시카메라까지 설치

무엇이 인간관계를 힘들게 하는가

한다.

장량량은 그녀의 황당한 행동에 화가 나 결국 떠나기로 결심한다. 먀오먀오는 처음에 그렇게 부드럽고 포용적이었던 그가 왜 자신을 버리고 돌아서는지 이해하지 못했다.

연애나 결혼생활에서 인위적인 통제로 감정을 유지하려 하면, 조만간 상대방과 점점 멀어지는 결말에 직면하게 될 것이다. 이와 관련된 명언이 있다. '사랑은 손안의 모래와 같아서, 꽉 쥐면 쥘수록 더 빨리 잃게 된다'는 것이다. 더 깊이 사랑할수록 상대방을 잃을까 두려워하게 되는데, 이 두려움은 상대방을 꼭 움켜쥐려 하고 그럴수록 사랑은 사라지게 된다.

많은 사람이 상대방의 생활에 속속들이 간섭하는 것이 서로에 대한 감정을 잃지 않는 방법이라고 굳게 믿는다. 그러면서 상대방의 인간관계, 일, 재정, 심지어는 가족 관계까지 모두 간섭하고, 설령 사랑이 변질되더라도 손을 떼려 하지 않는다. 당신은 목숨을 걸고 상대방을 사랑하고 있다고 생각하지만, 상대방은 오히려 갈수록 당신의 얼굴이 가증스럽다고 생각하게 될 것이고, 마치 자신의 생활을 도둑맞은 것처럼 느낄 것이다.

사랑은 마치 장편 드라마와 같아서, 광고 시간을 넣어 줘야 힘들어지지 않는다. 당신이 눈을 부릅뜨고 공격 자세를 취하면서 집착할수록, 원하는 것을 얻지 못하는 결과를 얻게 될 것이다.

기억하라. 그를 사랑한다면 그에게 충분한 믿음을 주어야 한다.

오랫동안 함께 지내온 한 쌍의 노부부는 여전히 달콤했다. 그들에게 "두 분은 세월이 흘러도 어떻게 이렇게 친밀한 감정을 유지할 수 있나요?"라고 물었다. 남편은 시계를 흘긋 보곤 "절 따라오세요."라고 말하더니 그를 데리고 근처 공원으로 가서 한가롭게 벤치에 앉아 대화를 나누었다. 한참 시간이 흐른 후, 그에게 "우리 돌아갈까요? 당신의 아내가 걱정할 거예요."라고 일러 줬다. 노인은 편안한 미소를 지으며 말했다.

"우리는 함께 살면서 매일 서로에게 자유시간을 줍니다. 저는 이 공원에서 한 시간 동안 앉아서 경치를 감상하죠. 제 아내는 친구들과 수다를 떨고요. 이것이 바로 우리 부부가 화목하게 지내면서 항상 뜨거운 감정을 느낄 수 있는 비결이에요."

중국의 철학자 저우궈핑은 사랑에 대해 이렇게 말했다.

"서로 사랑하는 사람이 상대방에게 줄 수 있는 가장 좋은 선물은 자유입니다. 자유로운 사랑은 서로에게 꼭 필요한 흡인력을 가지고 있습니다. 이러한 사랑은 견고하면서 동시에 결핍되지 않습니다. 엉키지만 끈적이지 않습니다. 틈이 없는 사랑은 정말 무섭습니다. 그 안에서는 자유롭게 숨을 쉴 공간이 없습니다. 그래서 조만간 질식할 것입니다."

무엇이 인간관계를 힘들게 하는가

삶의 중심은
언제나 자기 자신이다

당신의 반쪽을 자신의 사유재산으로 여기지 마라. 그가 어디에 가든지 당신이 따라다니고, 그가 무엇을 하든지 당신이 이래라저 래라 해서는 안 된다. 설령 서로가 사랑한다고 해도, 완전히 하나가 될 수도 없고, 취향도 똑같을 수 없다. 굳이 서로에게 무리수를 둔 다면, 그 끝에 당신은 아무것도 얻지 못할 것이다.

뜨겁게 사랑할 때는 24시간 동안 함께할 수 없는 것을 안타까워 하지만, 이것은 결코 사랑의 가장 좋은 모습이 아니다. 아무리 열렬 한 감정도 시간을 이기지 못한다. 열정을 다 소진한 뒤에는, 당신과 당신의 반쪽이 매일 서로 멀뚱멀뚱 쳐다만 보는 답답한 시간을 보 내게 될까 걱정된다. 우리는 평범하지만 지속적인 감정을 추구할 필요가 있다. 적당한 거리를 유지하면 오히려 감정은 더욱 따뜻해 질 수 있다.

연애에서의 안정감은 스스로 자신에게 주는 것이다. 우선 상대 방에게 지나치게 의존하는 나쁜 습관을 극복해야 한다. 쇼핑, 식사, 영화 관람은 반드시 둘이서만 할 수 있는 일이라고 그 누구도 정한 적이 없다. 당신은 언젠가 혼자 여행하며 경치를 감상하는 것도 더 없이 좋은 일이라는 것을 깨달을 것이다. 삶의 중심을 자신에게 두어야 한다.

사랑은 뜨겁게 부는 바람이 될 수도 있고, 평온하고 깊은 바다가 될 수도 있다. 모든 마음을 상대방에게 쏟을수록 감정은 더욱 나빠질 것이고, 잠재적 경쟁자로부터 반쪽을 지키려 할수록 더 비굴해 보인다.

차라리 시간을 자신에게 쏟아 외모를 가꾸거나 여행을 가거나 운동을 하고, 견문을 넓혀 보라. 친구를 많이 사귀고, 인맥을 넓히고, 사업에 힘을 쏟고, 자신의 전문성을 향상시켜라. 스스로 더 아끼고, 연인에 대한 구속은 줄여라. 그럴수록 상대는 당신을 점점 더 사랑하게 될 것이다.

사랑하는 사람을 손아귀에 쥐고 혼자 감상하고 점유하는 것은 매우 무서운 일이다. 당신은 서로의 감정을 위해 충분한 공간과 자유롭게 숨을 쉴 수 있는 환경을 마련해야 하며, 사랑의 목을 졸라 산소 부족으로 생명이 다하는 일은 피해야 한다.

무엇이 인간관계를 힘들게 하는가

인간관계의 답은

|

재고 따져서 알 수 없다

계산에 밝은 사람은 결국 계산 때문에 실패할 것이다. 계산에 밝아 모든 일을 따지고 들면 마음속으로 안정감을 잃기 때문이다. 그들은 삶에서 균형과 만족을 얻기 힘들다. 항상 다른 사람과 의견이 엇갈리고 끊임없이 갈등을 빚는다. 이처럼 장기간 불안한 상태로 고통과 함께하니 어디 즐거움이 있겠는가.

미국의 월간 잡지 《리더스 다이제스트》는 일찍이 '왜 똑똑한 사람이 멍청한 짓을 할까?'라는 주제로 흥미진진한 관점을 발표한 적이 있다. IQ가 비교적 높은 사람들은 보통 사람들이 피할 수 있는 실수를 범하며, 결국 인생의 큰 실패를 초래한다. 그중에서 가장 명확한 잘못은 이득 보는 것을 중요하게 생각하고, 계산에 밝아서 주변의 가족과 사랑하는 사람들을 가차 없이 대하는 것이다.

사람과 사람이 함께 지내는 것은 모두 진실한 마음에 근거한다. 낯선 사람을 대할 때 우리는 넓은 마음으로 우정을 유지해야 친한 친구를 사귈 수 있다. 가족 관계에서도 솔직하게 대해야 가족애를 굳건하게 지킬 수 있다. 돈이 아무리 좋다 해도 절친한 친구와 함께 있는 것보다 못하다. 명예와 이익이 아무리 가치가 있다 하더라도 믿을 만한 가족과 사랑보다 값질 수는 없다. 가족들은 당신이 피곤할 때 친절히 안부를 전하고, 친구는 당신이 어려운 일을 당했을 때 사심 없이 돕는다.

끊임없이 계산하다 보면 자신을 잃어버릴 수도 있다

인기리에 방영된 중국 드라마 〈도정호〉는 어머니의 죽음으로 평온한 삶이 깨진 가족들의 갈등과 화해를 그렸다. 이 드라마에서 둘째 쑤밍청의 행동은 사람들의 치를 떨리게 한다. 그는 어머니 앞에서는 달콤한 말을 하며 효도하는 척하지만, 뒤에서는 오히려 몹시 방자하고, 거리낌 없이 동생 밍위를 괴롭힌다.

그는 여동생이 수능을 앞두고 공부하느라 긴장하고 있다는 것을 분명히 알았지만, 각종 집안일을 시켰고, 동생이 거절하자 일부러 시끄러운 소리를 내 공부를 방해했다. 쑤밍청의 이런 행동은 여동생이 좋은 것을 모두 가질까 봐 우려해서였다. 동생이 이득을 적게

볼수록 자신에게 돌아오는 이익은 많아질 터였다. 결국, 동생은 열여덟 살에 집을 떠나게 된다. 쑤밍청이 벌인 각종 진기한 행각은 셀 수 없이 많았다.

꾀는 자신을 보호하는 데 쓰는 것이다. 다른 사람과의 관계에서 이익을 얻고자 계산하는 데 쓰는 것이 아니다. 이기적인 사람들은 지인이나 친척들을 주로 이용한다. 이러한 그들을 주변 사람들도 포용하는 데는 한계가 있다.

"사마귀가 매미를 잡으니, 참새가 뒤에서 기다리고 있더라."라는 말이 있다. 눈앞의 이익을 탐하느라 뒤에 올 위험을 모른다는 것이다. 인간관계에서 계산하려 들지 마라. 당신이 계산하려 하는 관계는 사실 모두 당신을 믿는 사람들이다. 끊임없이 계산하다 보면, 끝없는 계산 속에서 점차 자신을 잃어버리게 된다. 하나하나 따지고 계산하려 하면 마음은 영원히 진정한 안정감을 얻을 수 없다. 이리저리 계산하는 것은 결국 자신 앞에 스스로 함정을 파놓는 것과 같다. 그렇게 판 함정에 나 자신은 물론이고 내가 아끼던 사람들까지 빠질 수 있다. 그들은 순수하게 당신을 도와주려던 사람들이지만 당신의 그 얄팍한 계산법으로 인해 자신도 모르게 그 함정에 빠지고 마는 것이다.

옛말에 "사람의 계획은 하늘의 뜻을 벗어나지 못한다."라는 말이 있다. 마음을 단순하게 먹을수록 자유롭게 살 수 있다. 계산하던 것을 그만 멈추고, 사람들 사이의 다툼을 잊고, 단순한 마음을 유지하려고 노력해야만 인생이 밝아질 수 있다.

비교하는 순간

|

시작되는 불행

한 인기 포럼에서 한 네티즌이 진심 어린 질문을 던졌다.

"저는 원래 그냥 보통 대학교에 다녔어요. 그러다 3년 만에 국내 상위권 명문대학에 합격했습니다. 나름 만족하고 있었는데 제 친구가 부모의 덕으로 외국으로 유학을 간다는 소식을 들었어요. 갑자기 화가 났어요. 어렸을 때부터 이런 경험이 많았어요. 저는 항상 다른 친구들보다 훨씬 더 열심히 노력하는데 늘 남들이 저보다 더 잘나가는 것 같아요. 저는 외국에 나가 공부할 수 있는 그 친구가 정말 부러워요."

우리는 자기도 모르게 비교하는 마음이 생기기 마련이다. 비교할 줄 알아야 자신의 부족함을 인식할 수 있다. 그러나 비교가 지나쳐서 맹목적인 지경에 이르면 일종의 병적인 상태와 같다. 다른 사람의 빛나고 아름다운 면에만 집중하고, 그 빛나고 아름다운 면에 감춰진 다른 면은 무시하기 때문이다.

삶에서 분수를 아는 사람들은 대부분 적극적이고 낙관적이다. 그들은 결코 경솔하게 자신의 인생을 부정하지 않는다. 사람은 모두 독보적이고 특별한 존재이기 때문에 다른 사람을 부러워하며 시간을 낭비하는 것은 정말 어리석은 일이다.

다른 사람이 잘 지내는 것이 당신과 무슨 상관이 있는가. 같은 이치로 다른 사람이 아무리 만족스럽지 못하게 지낸다 해도 당신과 전혀 관련이 없다. 인생은 각자의 손에 달려 있기에 자신의 삶을 잘 경영하는 것이 가장 중요하다.

그러나 현실에서 많은 사람의 즐거움은 다른 사람보다 더 유쾌하고 우월하게 지내는 이런 얄팍한 일들에서 비롯된다. 그들의 고통은 자신이 얼마나 많은 불행을 참고 있느냐에서 오는 게 아니라 그들이 다른 사람보다 얼마나 더 불행하게 지내느냐에 있다. 그들의 시선은 항상 다른 사람에게 집중되어 있어서 귀중한 시간과 에너지를 낭비할 뿐만 아니라, 자신도 점점 더 편협하고 보잘것없게 변한다. 그리하여 생활 속에 늘 '원망'이 퍼져 있다.

무엇이 인간관계를 힘들게 하는가

세상에 완전무결한
인생은 없다

낡은 임대주택에 사는 젊은이가 마음속으로 끊임없이 불평하면서 자신의 또래들은 차도 있고, 집도 있고, 예쁜 자녀도 있는 것을 보면서 한숨을 쉰다. 또 한편으로는 자신의 이 '솔로생활'이 언제쯤 안정될 수 있을지, 또 언제쯤이면 집에서 온기를 느끼고, 인생의 위녀와 같은 생활을 할 수 있을지 생각한다.

많은 이가 눈앞에 안개가 자욱하여 마치 애꾸눈이 된 것 같다. 한쪽 눈으로는 영원히 남의 영광과 풍요로움만을 볼 뿐 자신이 가진 것을 똑똑히 볼 수 없다. 하지만 아무리 뛰어나 보이는 사람도 이면에는 외롭고 고통스러운 마음이 있다.

기자 출신 대만 작가 임청현林清玄은 "인생의 가장 큰 어리석음은 남과 비교하는 것"이라고 했다. 한번은 그가 친구와 매점에서 각자 음료수를 한 잔씩 주문했다. 친구는 한 모금을 마시더니, "이게 뭐야, 왜 이렇게 맛있지?"라고 놀라워하며 물었다. 임청현은 "이거 그냥 늘 먹던 평범한 음료인데."라고 말했지만, 친구는 계속 감탄하면서 세상에 이렇게 맛있는 음료가 있음을 놀라워했다. 알고 보니 임청현의 친구는 부와 권력이 있는 집안에서 태어나 어릴 때부터 가정교육을 엄격하게 받았다. 부모님은 그에게 집을 나서기 전에는 반드시 제때 준비를 하고, 제때 집에 돌아와야 한다고 말하며, 그의 일상생활을 모두 가정부가 챙겨 주도록 맡기고, 밖에서 식사하는 것을 금지했다. 물론 매점에서 음료를 사 먹는 것조차 허락받지 못했다.

친구가 감탄하며 말했다. "나는 마치 감옥에 있었던 것 같아. 더 이상 이렇게 살고 싶지 않아." 임청현은 친구의 대단한 신분을 부러워했지만, 친구에게도 그런 말할 수 없는 고민이 있었다는 사실을 알고 매우 놀랐다.

작가 변지림 卞之琳은 "당신은 다리 위에 우두커니 서서 누각의 풍경을 보고, 누각에 있는 사람은 다리 위의 당신을 바라봅니다. 밝은 달은 당신의 창문을 장식하고, 당신은 다른 사람의 꿈을 장식합니다."라고 썼다. 세상에는 완전무결한 인생이 존재하지 않으며, 겉으로는 득의양양한데 속으로는 실의에 빠져 있는 사람도 많다. 고통은 행운을 누릴 확률과 별 차이가 없다.

당신 주변의 우수한 친구들이 지금의 성과를 보이는 것은 지난날의 필사적인 노력이 있었기 때문이다. 하루 종일 부지런하게 일하는 시간들 속에서 인생의 좁은 길을 걸었던 시간은 오직 그들 자신만이 뼈저리게 알 것이다. 그러니 자신의 것을 먹으면서 다른 사람의 것을 탐내지 말고, 다른 사람의 인생을 부러워하지 마라. 그렇지 않으면 무궁무진한 탐욕과 비현실적 바람은 현실에 대한 불만을 가중하고 마음은 갈수록 피폐해질 수 있다. 다른 사람의 생활을 부러워하며 자신의 불행을 원망하면 결국에는 기존의 행복조차도 잃을 것이다.

자신의 인생을 부정하지 마라. 늘 자신을 비관적으로만 국한하지 마라. 마음을 차분하게 가라앉히면, 자신의 인생도 매우 다채롭고 훌륭하다는 것을 발견할 수 있다. 단지 평소에 자세히 관찰하지 않았을 뿐이다.

모옌은 "당신의 재능이 야망을 지탱할 수 없을 때는 반드시 마음을 가라앉히고 공부할 필요가 있다."라고 말했다. 우리에게도 다른 사람에게 없는 장점이 있다. 세심하게 이러한 장점을 길러서 남김없이 잘 발휘하면, 반드시 다른 사람의 부러움을 살 수 있을 것이다. 그러므로 맹목적으로 다른 사람을 부러워하기보다 마음을 평온하게 하고 달려 나가는 것이 좋다.

온종일 남의 그림자 속에서 살아온 사람은 살면서 맹목적으로 비교만 하게 된다. 얄팍한 부러움은 현실에 맞지 않는 헛된 꿈과 같다. 병적인 비교는 미래를 우울하게 만들 뿐이다. 이제 자신이 가지고 있는 행복을 소중히 여기고, 자신의 위치를 정확히 찾고, 자신의 길을 굳건히 지키며 내 스타일대로 살아가야 한다.

버릴 줄 아는

|

용기도 필요하다

한 번쯤 이런 경험을 한 적이 있을 것이다. 영화가 지루해서 가시방석에 앉은 것처럼 불편해 도중에 빠져나갈까 하는데 티켓값이 아까워 그러지도 못하는 상황 말이다. 부모님의 제안에 따라 그다지 흥미 없는 전공을 선택하고, 4년 동안 포기할까 말까를 놓고 계속 고민한다. 졸업할 때 그동안 해 보고 싶었던 자영업에 뛰어들고 싶지만, 부모는 오히려 당신에게 전공을 살리라고 권한다. 마음의 소리에 따라 자신의 뜻을 견지할 것인가, 아니면 부모의 권유에 따라 원치 않는 업종에 머물 것인가? 정말 결정하기 어려운 문제다.

곁에 있는 사람과 오래 함께할수록 서로 맞지 않는 부분을 발견하고 사랑의 감정이 옅어진다. '헤어져야 하나? 그런데 이미 이렇게 시간을 많이 보냈는데…'라며 머뭇거리게 된다.

경제학에는 '매몰비용'이란 말이 있다. 그것은 과거의 결정으로 이미 발생한 비용에 대해선 현재나 미래의 어떤 결정으로도 바꿀 수 없다는 것이다. 경제학자 쉐자오펑薛兆丰은 "매몰비용은 원가가 아니다. 왜냐하면 그것은 당신에게 수익을 가져다줄 수 없기 때문이다."라고 말했다.

우리가 과감하게 포기해야 할 이런 비용은 현실에서 우리의 전진을 가로막는 장애물이 된다. 만약 당신이 포기해야 할 때 제때 포기하지 않고, 오히려 맹목적으로 더 많은 새로운 비용을 투입한다면 결국 모든 것을 다 잃는 결말을 맞이할 수 있다. 그러니 적절할 때에 포기할 줄도 알아야 한다. 그렇지 않으면 매번 새로운 교훈만 얻게 될 것이다.

새로운 시작의 장애물이 되는 매몰비용

새로운 스타일에 도전하고 싶어서 최근 유행하는 옷들을 샀다. 언젠가는 적당한 곳에 입고 가리라 생각했는데, 상표도 떼지 못한 채 옷장 속에 묵혀 두게 된다. 또는 분명 배부르게 먹었는데도 음식을 낭비하지 않으려고 악착같이 먹다 보니 결국 소화불량에 걸리고 말았다. 이런 예는 비일비재하다. 우리는 마치 망신을 당한 노름꾼이 된 것 같다. 늘 원금을 되찾겠다고 놀음판에 덤비지만 그 생각

때문에 오히려 더 많은 돈을 잃는다. 과거에 비용을 들였더라도 과감히 포기하고 또 다른 방향을 찾겠는가? 아니면 무분별하게 추가 비용을 부담해서 스스로 어둠의 수렁으로 들어갈 것인가?

현재 굴지의 기업 IBM도 이런 어려운 선택에 직면했었다. 19세기 초에 컴퓨터 회사와 음반사가 합병해 IBM의 전신인 CTR사를 설립했다. 회사의 고위층은 자못 야심을 가지고 제품 계획을 세웠는데, 그들은 제품 전선을 매우 길게 늘리면서 끊임없이 직원 계산 시스템, 저울, 자동 고기절단기 등의 주력 제품을 내놓았다. 하지만 이 제품들은 시장에서 생각했던 것 이상의 인기를 얻지 못했고, 오히려 침체기를 맞았다. 이로 인해 회사의 발전은 정체되었고, 상황은 갈수록 나빠졌다. 급기야 회사의 고위 인사는 즉시 모든 생산 계획을 중단하기로 결정하였다. 그들은 두 집단으로 나뉘어 한쪽은 원래의 생각을 연장하는 것을, 다른 한쪽은 새로운 사고의 확장을 제안하였다. 격렬한 토론을 거쳐, 매몰비용을 과감히 포기하고 전자계산기용 펀치 카드 프로젝트에 모든 에너지와 돈을 집중하기로 했다.

몇 년 후, 회사가 생산한 펀치 카드 계수기의 판매량이 크게 증가하여 엄청난 수익을 가져왔다. 이때 첫 번째 컴퓨터가 등장해 세상을 떠들썩하게 만들었다. IBM의 임원들은 긴급회의를 연 후, 다시 한번 많은 성과를 거둔 펀치 카드 사업을 포기하고 컴퓨터의 제작과 연구 개발에 주력하기로 결정하였다. 이것은 IBM의 발전을 위한 토대가 되었다.

운전면허 시험을 볼 때, 코치는 항상 반복해서 "정면의 먼 곳까지 똑바로 봐야 한다."라고 말한다. 인생의 갈림길에서 우리는 역시 먼 곳을 바라보는 법을 배워야 한다. 포기해야 할 때는 반드시 주저하지 말고 과감히 포기하는 법을 배워야 하는 것이다.

많이 쏟아부은 만큼
포기 또한 쉽지 않다

앞을 멀리 내다볼 때 과거의 것은 그리 중요하지 않다는 것을 알게 될 것이다. 과거는 이미 지나갔고, 중요한 것은 미래다. 과거에 했던 투자를 너무 따지지 마라. 그렇게 지불한 것은 이미 시대에 맞지 않는데, 굳이 '추가로 투자'할 필요가 있겠는가.

작가 차오원쉬엔曹文軒은 일찍이 이런 일을 겪은 적이 있다. 강연을 마친 작가 차오원쉬엔에게 한 남자가 다가왔다. 그는 두꺼운 원고 묶음을 건네며 평론을 부탁했다. 차오원쉬엔은 작품을 살펴본 후, "얼마나 오랫동안 이 시를 썼습니까?"라고 물었고, 남자는 멋쩍은 웃음을 지으며 말했다. "쓴 지 거의 10년이 되었지만, 제 작품은 줄곧 좋은 피드백을 받지 못했어요. 버리고 싶긴 했지만 예전에 받은 피드백이 아까워서 그러지 못했어요."

그는 남자에게 "당신의 본업은 무엇입니까?"라고 물었다. 남자는 과일 노점을 운영하고 있다고 말했다. 그는 남자에게 일이 즐겁냐고 물었고 남자는 고개를 끄덕이며 이렇게 말했다. "가게를 여는 것은 제게 매우 즐거운 일입니다." 그러자 차오원쉬엔은 웃으면서 상대방에게 말했다. "그럼 당신은 가게를 잘 경영하는 것이 좋겠어요. 사실 당신은 시를 쓰는 것이 잘 맞지 않는 것 같습니다."

남자는 어리둥절하다가 나중에는 큰 짐을 벗은 듯 홀가분하게 웃으며 이렇게 말했다. "이전에 제가 많은 유명 작가들에게 물었을 때, 그들은 열심히 해야 그간의 노력이 헛되지 않을 거라고 하셨는데, 선생님은 저를 깨우쳐 주셨네요. 저는 시를 쓰는 데 소질이 없군요."

많은 것을 쏟아부을수록 포기는 더욱 어렵다. 그간의 노력이 헛되게 버려지는 것이 싫기 때문에 우리는 '매몰비용'에 빠져 필사적으로 원금을 회복하려고 한다. 그러나 방향이 잘못된 것을 알고도 그 자리를 악착같이 사수하면 결국 더 큰 손해를 입을 뿐이다.

분수를 아는 사람은 그런 달갑지 않은 감정을 잘 다스리고 새롭게 다시 시작할 것이다. 만약 선택이 너무나도 어렵다면, 진지하게

무엇이 인간관계를 힘들게 하는가

'이 일을 계속 붙들고 있으면 정말 모든 것이 더 좋아질 수 있을까? 손을 놓아야 더 큰 기회를 맞이할 수 있지 않을까?'라고 계속해서 반문해 보자. 심사숙고하고 이해득실을 따져 보면, 다음에 어떻게 해야 할지를 알게 될 것이다.

이제부터는 자신이 선택한 영화라도 정말 지루하다면 과감히 영화관을 박차고 나와 더 재밌는 일을 해 보자. 전공은 했지만 그 분야의 일이 정말 맞지 않는 걸 느꼈다면 용기를 내서 잘할 수 있고 좋아하는 일을 시도해 보자. 이미 투자한 것이 아까워서 포기하지 못하던 것을 버리고 마음속 꿈을 향해 달려 나가자.

손해 보는 것을

|

두려워하지 마라

중국 청대의 문인인 정판교鄭板橋는 일찍이 길이 남을 두 마디를 했다.

"총명하기도 어렵고 멍청하기도 어렵다. 총명한 이가 멍청하게 살기는 더 어렵다."

"손해를 보는 것이 곧 복이다."

이 두 메시지는 중국인들 사이에서 경전의 반열에 올라 있다. 청나라의 정치가 좌종당左宗棠 또한 "사람과 함께하기 위해선 손해 보는 것을 배워야 한다."라고 하였다. 동서고금을 막론하고 손해를 감수할 줄 아는 사람이 출세할 수 있다.

이런 사람은 겉에 보이는 손해를 신경 쓰지 않고 눈앞의 작은 이익을 따지지 않는다. 그들은 분수를 알고, 격식이 있으며, 눈썰미가

무엇이 인간관계를 힘들게 하는가

있고, 지혜로우며, '앞으로 갈 길이 더 많고', '화와 복은 같이 온다'는 이치를 안다. 소위 '너무 잘될 때 적자가 생길 수 있고, 적자가 쌓일 때도 이익을 낼 기회가 점점 쌓일 수도 있다'는 것은, 손해를 보는 것이 사실 앞으로의 행복을 위해 복선을 깔아 놓는 것과 같다는 것이다.

손해를 보는 것이 복이다

분수를 아는 사람은 사람과 교제할 때 항상 손해를 감수하고 조금의 이익을 양보한다. 손해를 보는 것처럼 보여도 계산해 보면 잃은 것이 많지 않다. 살면서 아무런 이유 없이 잃기도 하고 얻는 것이 없기도 할 때가 있지만, 손해를 봐서 한 가닥의 퇴로와 한 가닥의 삶의 기회를 얻기도 한다.

약간의 손해를 봤다고 연신 고통을 호소하는 사람들을 보면, 그들은 언제나 소탐대실하며, 항상 쉽게 인간으로서의 신용과 존엄을 포기한다. 이런 이들 주위에는 사람들이 많지 않다.

젊었을 때는 '손해를 보는 것이 복'이라는 말을 들으면 늘 자신이 왜 손해를 보고 양보하고 자신을 희생하여 다른 사람을 도와야 하는지 이해하지 못했다. 많은 사람도 "손해를 보는 건 멍청한 짓이지 왜 손해를 보느냐?"라고 말한다.

『역경』에는 "처음부터 잘해야 모든 일을 잘할 수 있다."라는 말이 있다. 만약 당신이 손해를 보는 것이 복이고, 먼저 버리고 나중에 얻는다는 사고방식을 계속 유지할 수 있다면, 당신이 바라는 것을 쉽게 이룰 수 있을 것이다. 처음부터 이해타산적으로 모든 일을 시작하면 그 일은 그리 오래 가지 못한다. 조금 손해를 보고 시작하더라도 먼 길을 바라보고 차근차근 진행한다면 바라던 일을 성취할 수 있다.

대학 동창인 A와 B가 있었다. A는 열심히 저축한 돈으로 새 차를 뽑았다. B는 그와 같은 동네에 살아서 평소에 가끔 왕래했다. 어느 날 B가 A에게 전화해 공항에 가서 중요한 고객을 맞아야 하는데, 자신의 차는 너무 낡아 며칠만 A의 새 차와 바꿔 탈 수 있는지를 물었다. 고객이 돌아가면 반드시 사례하겠다고도 덧붙였다. A는 흔쾌히 B의 부탁을 승낙하였다. 그는 자신의 차에 기름이 많지 않다는 것을 알고 주유소에 가서 기름을 가득 채우고 직접 차를 몰고 B의 집까지 가서 건네주고는 B의 낡은 차를 몰고 돌아왔다.

며칠 후, A는 시간을 들여 B의 차를 깨끗하게 세차하고, 또 기름도 채워서 B에게 돌려주었다. 하지만 A는 B에게 돌려받은 자신의 새 차를 보자 눈살이 절로 찌푸려졌다. 진흙이 잔뜩 튀어 있어 얼마 안 된 새 차로는 도저히 보이지 않았다. B는 얼굴을 붉히며 말했다. "정말 미안한데, 요 며칠 너무 바빠서 세차하는 것을 깜박했어."

무엇이 인간관계를 힘들게 하는가

그 말을 듣고 A의 표정은 누그러졌다. 그는 손을 내저으며 "괜찮아. 가는 길에 내가 하고 가면 돼."라고 말했다. 이 일이 있은 후 B는 A의 인품을 존경하게 되었다. 이 일로 그들은 막역한 친구 사이가 되었고, 훗날 A가 다니던 회사가 어려워져 해고당했을 때 B의 도움으로 순조롭게 새로운 일을 찾을 수 있었다.

'손해 보는 것을 즐긴다'는 것의 신비한 점은 바로 이 '즐긴다'는 글자에 있다. 손해를 보는 데도 스킬이 있기 때문에 '즐긴다'고 표현할 수 있는 것이다. 하지만 이 스킬을 모르는 많은 사람은 첫걸음부터 혼란스러워한다. 친구들에게 돈도 많이 쓰고, 만날 때마다 계산을 하는데, 이렇게 손해를 봐도 좋은 인맥 만들기가 어렵다는 것이다.

자, 지금부터 손해 보는 것을 즐기는 스킬을 배워보자. 손해는 반드시 공공연한 곳에서 보이게 해야 한다. 상대방은 이득을 보았지만 자신은 손해를 보았다는 것을 상대방이 알도록 한다. 한마디로 상대방에게 미안함을 갖게 하는 것이다. 감정의 저울이 당신 쪽으로 기울었으니 이것은 재산보다 더 귀중히 여길 만한 것이다. 절대로 조용히 손해를 보고 입을 꾹 닫지 말고, 상대방이 당신의 은혜를 마음속 깊이 기억할 수 있게 하라.

두 번째, 손해를 볼 때는 적극적으로 하는 것이 좋다. 사람들에게 어쩔 수 없이 한다는 느낌을 주어서는 안 된다. 물론, 당신도 무한

정 먼저 나서서 할 수는 없다. 한두 번은 괜찮지만 세 번째는 입을 열어 완곡하게 거절한다.

절대로 손해 보기를 두려워해서는 안 된다. 작은 이익을 남기길 좋아하는 사람은 종종 스스로 똑똑하다고 자부하지만, 이런 '거짓 총명함'은 많은 기회와 좋은 일을 망치게 한다. 이런 행위는 장기적으로는 어리석음의 대명사가 된다. 시기가 적절할 때, 손해를 좀 보고 어리둥절한 척하면 당신의 이미지는 더욱 좋아지고 존경받게 될 것이다.

매사 조심하고

경계하라

경영훈련 전문가인 위시웨이는 자신의 습관 중 하나를 언급한 적이 있다. 그는 업무차 자주 출장을 다니며 그때마다 호텔에 투숙한다. 매번 호텔을 떠나기 전에 그는 특별히 시간을 내서 침대와 테이블을 정리해 가능한 한 방을 깨끗하게 치우고 가려고 한다. 청소하러 들어온 아주머니는 항상 그에게 감사하면서 엄지손가락을 치켜세운다. 호텔에 투숙하는 손님들은 대부분 청소 아주머니의 인정과 칭찬을 하찮게 여긴다. 어쩌면 그들은 영원히 다시 마주칠 일이 없을 것이다. 하지만 이런 '스스로 삼가는' 교양은 매우 귀해 보인다. 위시웨이의 행동은 '군자는 삼간다'는 기준에 딱 들어맞는다.

『중용』에는 "한 사람의 성품은 항상 은밀한 곳에서 나타나기 때문에 품행이 단정한 군자는 혼자 있을 때도 스스로에게 어떠한 부

도덕한 일을 하지 않도록 엄격히 요구할 수 있다."라고 이른다.

　삼간다는 것은 언제 어디서나 고상한 행동 기준을 따르는 것을 뜻한다. 누군가가 보고 있을 때 행동을 단속하는 것은 결코 어려운 일이 아니다. 혼자 있을 때 스스로 자신의 언행을 감시하는 'CCTV'의 역할을 하며 일거수일투족이 모두 규범에 맞고, 영원히 양심에 어긋나는 일을 하지 않는 것이야말로 어렵고 고귀한 일이다.

　춘추시대의 현자로 통하는 유하혜柳下惠의 '단정한 생활 태도'는 세상에 널리 알려져 있다. 삼국시대에 유비劉備의 "작은 악이라도 행하지 말고 작은 선이라도 행하라."라는 생각은 오랜 시간이 지나도 후세 사람들에게 대대로 전해졌다. 원나라 때 학자인 허형許衡이 세상이 어지러워 배나무 주인이 없다는 사람들의 말에 "배나무에 주인이 없다고 해서 내 마음에까지 주인이 없을 리 있겠소?"라고 답한 일화는 사람들의 마음을 울렸다.

　이른바 '군자는 무엇이든지 할 수 있으나 모든 것을 하지 않는다.'라고 한다. 그들이 견지하는 솔직하고 투명한 군자의 풍조는 경탄할 만하다. 그러나 예나 지금이나 '스스로 삼가는 것'을 유지할 수 있는 사람은 점점 줄어들고 있다.

　　　　　　　　　　　　　　무엇이 인간관계를 힘들게 하는가

스스로 삼가는 것은
경계를 넘지 않는 것

많은 사람이 보고 있는 상황에서 도덕에 위배되는 일을 하지 않는다고 해서 그 사람이 군자인 것은 아니다. 그가 자신의 행동을 단속하는 것의 전제는 대중 앞에서 법을 어기면 나중에 치러야 할 비용이 너무 높아서 감당할 수 없기 때문이다.

가장 어려운 것은 아무도 보지 않는 곳에서 교양을 지키는 것이다. 만약 어두운 밤에 주변이 캄캄한데도 당신은 여전히 무단횡단을 감행하지 않고 질서를 지킬 수 있는가? 만약 주위에 아무도 보는 사람이 없을 때 당신은 양심에 부끄러운 일을 하지 않을 수 있다고 보장할 수 있겠는가?

2019년 아카데미 작품상 수상작 〈그린북〉에서 주인공 돈은 유명한 피아니스트로 고등교육을 받은 높은 소양의 인물이다. 그는 백인 운전기사 토니를 고용해, 순회공연 때 운전을 전담하도록 부탁했다. 토니는 하층민 출신으로 몸에 밴 소시민의 습성이 남아 있었고 돈은 그것이 눈에 거슬렸다. 영화에서는 다음과 같은 인상 깊은 장면들이 등장한다.

토니는 운전을 하다 다 마신 콜라병을 창밖으로 던졌다. 이 장면을 본 돈은 미간을 찌푸렸다. 그는 토니에게 차를 후진시키라고 명령한 뒤 차에서 내려 콜라병을 주웠다. 토니는 돈을 원망하듯 말했다. "보는 사람도 없는데요?"

그들이 주유소에서 기름을 넣을 때, 토니는 주유소 앞에 몇 개의 옥석이 놓여 있는 것을 보고 흥미를 느껴 구경을 했다. 그러다 갑자기 토니는 땅에 옥석이 떨어져 있는 것을 발견하고는 사방을 둘러본 뒤 아무도 없는 것을 확인하고는 몰래 옥석을 주워 자기 호주머니에 넣었다. 돈은 토니에게 옥석을 돌려주어야 한다고 했지만, 토니는 주인이 없는 옥석이라며 그의 조언을 거부했다.

돈은 의심할 여지 없이 자신을 엄격히 관리하는 사람이다. '스스로 삼가는' 가치를 지향하는 것은 그를 자율·자성·자강하는 인생의 길로 들어서게 했다. 크게는 인생을 운영하는 것과 작게는 사람이 없을 때 하는 작은 행동에 이르기까지, 그는 한결같이 행동했고 조금도 경계를 넘지 않았다. 스스로 삼간다면 다른 사람을 대함에 굴곡이 없고, 스스로 양심의 가책을 느끼지 않게 된다.

얼마나 많은 사람이 사람들 앞에서는 입만 열면 인의와 도덕을 중시하다가 사람들이 보지 않는 곳에서는 제멋대로 방종하고 무법천지로 살고 있는지 모른다. 그들은 일단 교묘하게 수단을 써서 사리사욕을 채울 기회를 얻으면, 단 한번에 인성의 추악한 일면을 아주 유감없이 드러낸다.

내면에 뚝심이 결핍되어 '매일 세 번 자신을 돌아보는 것'에 익숙

무엇이 인간관계를 힘들게 하는가

하지 않은 사람은 오랫동안 스스로 삼갈 수 없다. 우리는 스스로 삼가는 태도를 유지해야 한다. 사람이 있든 없든 한결같은 언행을 보여야 하며, 사람이 없는 곳일수록 더욱 이전과 같은 태도를 유지해야 한다. 늘 법도를 능가하지 않고 방종하지 않아야만 존경받을 수 있다.

성장을 위해 지녀야 할

'다투지 않는 지혜'

동물의 세계에서 표범은 '킬러'라고 불린다. 표범은 몸집은 작지만 동작이 민첩해 기본적으로 천적이 없다. 하지만 일단 하이에나를 만나면, 표범은 말없이 피한다. 설령 하이에나가 먹이를 빼앗는다고 해도 표범은 경솔하게 공격하지 않는다.

왜 표범은 하이에나를 정면으로 공격하지 않을까? 표범은 마음만 먹는다면 번개 같은 속도로 하이에나를 해치울 수 있다. 하지만 무리 없이 혼자 사는 표범은 일단 하이에나와 싸우다가 다치게 되면 생존율이 크게 떨어지기 때문에 이성적인 표범은 기꺼이 하이에나에게 먹잇감을 내주고 피한다. 어리석게 다투느니 자신의 능력에 의지하여 새로운 먹잇감을 찾는 것이 훨씬 쉽기 때문이다.

다투지 않는 것이 꼭 지는 것을 의미하는 것은 아니다. 노자老子

무엇이 인간관계를 힘들게 하는가

는 "하늘의 도道는 싸우지 않고 만물을 이롭게 하며, 성인은 쟁탈하지 않고 오히려 탁월함을 보인다."라고 말했다. 평범한 사람인 우리는 경쟁하면서도 다투지 않는 법을 배워야 한다.

다투지 않고, 빼앗지 않고, 자랑하지 않는 것은 이익을 구하고, 손해를 피하며, 후퇴함으로써 진취적으로 나아가게 하는 지혜로, 바로 분수를 안다는 것을 보여 주는 자세다.

중국의 작가 린위탕林語堂은 "다투지 않는다는 것은 천하의 사람들과 싸우지 않는다는 것이다."라고 설명했다. 중요한 때에 물러서는 것은 결코 비겁한 것이 아니며 도피하는 것이 아니다. 이것은 바로 자신감과 이성적인 판단을 드러내는 것이며, 당신의 넓은 마음을 더욱 뚜렷하게 보여 줄 기회다.

중국의 작가이자 번역가 양지앙은 시를 번역하면서 이런 말을 남겼다. "나는 누구와도 다투지 않는다. 누군가와 다투는 것은 나에게 전혀 가치 있는 일이 아니다. 나는 대자연을 사랑하고 그다음은 예술을 사랑한다. 나의 두 손은 인생에서 따뜻함을 얻는다. 인생의 불이 시들면 떠날 준비를 하면 된다." 누군가는 이것이야말로 그녀의 일생을 그린 모습이라고 했다.

양지앙과 동시대의 문학자들 대부분은 출세하기 위해 경쟁하였으나, 그녀는 조금도 명예나 이익을 위해 다투려는 마음이 없었다. 그녀가 책을 읽고 글을 쓰고 번역을 하는 것은 모두 개인의 감정을 다스리고 개인의 바람을 이루기 위해서였다.

생계가 어려워지자 그녀는 화장실을 청소하러 다녔고, 인생은 순식간에 나락으로 떨어졌다. 그러나 양지앙은 자신이 전에 없던 자유를 얻었다고 느꼈고, 세상의 온갖 양상이 그녀의 눈앞에서 하나하나 펼쳐져 오히려 그녀에게 인생의 참뜻을 느낄 수 있게 하였다고 여겼다.

많은 사람이 앞다투어 최고의 대우를 요구했지만, 그녀는 "저는 일생에 많은 것을 원하지 않아요. 단지 조용히 작업할 수 있는 책상을 가질 수 있기를 바랄 뿐이에요."라고 말했다. 다른 비슷한 시기의 작가들이나 많은 성과를 이룬 작가들과 비교했을 때 그가 평생 써낸 작품은 많지 않았다. 말년에 그녀는 오히려 직접 만족스럽지 않았던 작품들을 하나하나 삭제했다. 그녀가 작품을 지워나갈수록 그녀의 남은 작품들은 더욱 귀하게 여겨졌고, 사람들은 얼마 남지 않은 그녀의 작품들에서 깊은 감명을 받았다. 그녀가 이렇게 자신의 작품의 옥석을 가리고 열정을 쏟아부은 결과, 그녀가 번역했던『돈키호테』8권은 업계에서 최고의 번역본으로 인정받고 있다.

다투지 않으면
더 많은 것을 얻을 수 있다

우리 주변에는 항상 "사회의 자원이 무한하다고 생각하지 마라.

쟁탈해서 얻지 않으면 바보 같은 것이다. 설마 기회가 먼저 너에게 찾아올 거라고 생각하는 거냐?"라고 말하거나, "이제는 싸우는 법을 배워야 한다. 어떻게 해서든지 어떤 것도 놓쳐서는 안 된다!"라는 말로 자존심을 자극하는 사람들이 있다. 물론 오늘날의 사회에서 경쟁은 필수다. 하지만 어떤 일에도 '정도'가 빠져서는 안 된다. 경쟁도 마찬가지다. 다른 사람과 장단점을 다투는 것을 인생의 유일한 목표로 삼으면 마음은 점점 균형을 잃어 더욱 나빠질 뿐이다. 맹목적으로 경쟁한다면, 도처에서 모두 우위를 점하고, 매사에 1등을 해야 하기 때문에 소탐대실로 인해 앞으로 나아갈 길이 막히기 쉽다. 이때 다투지 않고, '물 흐르는 대로 살고', '아무런 조치도 취하지 않으면서 다스린다면' 자신이 원하는 모습으로 살아갈 수 있을 것이다.

전 미국 대통령인 로널드 레이건은 일찍이 『도덕경』의 영어판을 구입한 적이 있다. 그는 그 책에서 가장 인상 깊은 구절로 "성인은 집착하지 않으므로 잃는 일이 없고, 억지로 함이 없으므로 그르치는 일이 없다."를 꼽았다.

분수를 아는 사람은 다투지 않는 지혜를 마음에 깊이 새긴다. 그 지혜는 욕망과 야망을 자제하도록 가르치고, 안전하게 타인과 어울리게 하며, 별것 아닌 일로 다른 사람과 다투어 싸우지 말라고 한다. 또한 잠깐 자랑하고 싶어서 사방에 자신의 비기를 쉽게 꺼내 보이지 말라고 가르치며, 더욱 일시적인 갈등 때문에 충동적인 결정을 내리지 말라고 한다.

다른 사람과 다투는 것보다 차라리 마음을 가라앉히고 멀리 마음속의 목표를 바라보며 눈빛을 확고하게 하고 현실을 살아가라. 어쩌면 다투지 않아 아무것도 안 하는 것처럼 보일 수도 있지만, 이렇게 하면 당신은 다른 사람에게 위협을 주지 않을 것이며, 다른 사람도 당신을 공격하지 않을 것이다. 그리고 이것은 바로 재능을 감추고 때를 기다리며 성장할 수 있는 좋은 기회가 된다. 그러므로 다투지 않는 것은 오히려 앞으로 생존할 가능성을 더해 준다.

한 사람의 성공은 당신이 무언가를 얼마나 많이 했느냐에 달려 있지 않고, 도대체 무엇을 했고, 어떻게 했느냐에 달려 있다. 더 많은 이득을 얻으려 필사적으로 갈망하기에 거듭 시비에 휘말린다. 이것은 결코 좋은 일이 아니다.

같은 이치로 아무것도 논쟁하지 않고 아무것도 하지 않는 것이 반드시 나쁜 생각인 것은 아니다. 자신을 보호할 줄 알고, 과도한 경쟁에서 벗어나 자신의 방향을 정확히 알고 묵묵히 힘을 축적한다면, 당신이 원하는 것보다 더 많은 것을 얻을 수 있을 것이다.

누군가는 사람의 최고 경지는 '자연의 순리에 맡겨 천하를 다스리는 것', '다투지 않는 것'이라고 말한다. 당신이 원만하고 편안한 마음으로 인생을 살다가 경쟁 상대와 마주할 때면 '다투지 않는 것'으로 나중에 이룰 성공을 위한 견고한 기초를 다져라.

고개를 숙일 때는 용감하게,

들어야 할 때는 과감하게

"고개 숙이지 마라, 왕관 떨어진다. 눈물 흘리지 마라, 사람들이 비웃는다."

이 말은 우리에게 자존심을 갖고 개인의 스타일을 가지고 살아가야 하며, 쉽사리 현실에 굴복하지 말아야 한다는 것을 알려 준다.

그러나 다른 한마디 역시 따를 만한 가치가 있다.

"고개를 숙이면 영원히 지지 않는다. 양보할 수 있다면 영원히 울지 않을 것이다."

살면서 '자기 하고 싶은 대로' 산다는 것은 물론 부러워할 만하다. 하지만 필요할 때는 머리를 숙일 줄도 알아야 한다. 순풍에 돛을 단 것처럼 순탄한 인생이 어디 있는가? 우리는 언제나 역경에 부딪혀 좌초될 때가 있다. 환경의 제약을 받다 보면 원치 않게 고개를 숙여야 할 때가 있다. 하지만 고개를 숙인다는 것은 손해를 본다는 것을 의미하지 않는다. 양보하는 것 또한 연약하다는 의미가 아니다. 적절한 때에 머리를 숙이는 법을 습득하는 것은 얻기 어려운 지혜다. 환경의 제약 속에서 용감하게 고개를 숙이고 있다가 적당한 시기를 만났을 때 비로소 고개를 들어라.

튀어 오르고 싶으면 움푹 들어가야 한다

홍콩 배우 혜영홍은 한창 인기 있던 예능 프로그램 〈나는 배우다〉에서 기꺼이 조연이 되고 싶다고 말했다. 그녀는 자신의 경험을 바탕으로 신세대 배우에게 "당신이 조연이라 할지라도, 단 한 명의 완벽한 조연이 되어 주인공을 도와야 한다."라고 말했다.

1980년대에 쇼 브라더스 스튜디오의 기세가 한창 무르익을 무렵에는 많은 액션 스타들이 등장했다. 혜영홍은 그중에서도 백미였다. 22세였던 그녀는 영화 〈장배〉에서 뛰어난 활약을 인정받아 제1회 홍콩영화 금상장에서 여우주연상을 수상했다. 젊었던 혜영홍은 의기양양해졌다. 하지만 몇 년 뒤 홍콩식 액션극 영화 상황이 갈수록 악화되자 그녀는 주류 배우 리스트에서 밀려났다.

10년간 혜영홍은 아무 일도 하지 못했다. 삶이 곤궁했음에도 그녀는 젊은 감독들을 찾아가 배역을 달라고 부탁할 용기가 없었다.

그녀는 결국 우울증에 빠졌고 이제 막다른 길에 다다랐다고 생각했다. 그녀의 부모는 늘 그녀의 모습을 볼 때마다 눈물을 흘렸다. 이 모습을 견딜 수 없었던 그녀는 결국 어려운 결심을 하게 된다. 그녀는 연예계 친구들에게 먼저 연락해 아주 작은 공연 기회라도 달라며 적극적으로 일에 뛰어들었다. 그리고 보잘것없어 보이는 배역이라도 정성을 다해 연기했다. 감독을 만날 때면 그녀는 늘 "저를 그냥 새로운 사람으로 대해 주시면 된다."라고 말했고, 후배들을 대할 때도 겸손한 마음을 유지했다.

그 후 2017년, 57세의 혜영홍은 연이어 금상장 여우주연상과 금마장 여우주연상을 수상했다. 온갖 영광이 쇄도하였으나, 그녀의 눈에는 오히려 평화와 의연함이 가득했다. 혜영홍은 이전에 단역을 하던 경험이 지금의 그녀를 만들었다고 말했다.

하나의 문을 지나고 나서 산을 오르거나, 혹은 환경의 제약 속에서 머리를 숙이는 것은 자연스러운 일이다. 이것은 일종의 책략이며, 인생을 대하는 훌륭한 태도이며 수양이다. 머리를 숙이지 않는다면 당신은 어떻게 발아래의 길을 똑똑히 볼 수 있겠는가? 어떻게 삶의 공격을 피할 수 있겠는가?

무엇이 인간관계를 힘들게 하는가

제때 고개를 숙일 줄 아는
지혜가 준 선물

'한 걸음 물러나면 넓은 하늘을 볼 수 있다'는 말처럼 인생 여정에 기회와 인내심은 어느 하나라도 없어서는 안 된다. 적절한 때에 고개를 숙일 줄 아는 지혜가 있어야 절체절명의 위기에 다시 살아날 수 있고, 길이 더욱 넓어질 수 있다.

우리는 강한 반대에 부딪쳤을 때 머리를 숙여 자신의 의견을 굽힐 줄도 알아야 한다. 식물들이 이리저리 흔들리는 유연함을 갖고 있지 않다면 바람의 세기를 견뎌내지 못할 것이다.

인생도 마찬가지다. 너무 강하면 쉽게 꺾인다. 다만, 명예와 지위를 위해서 무조건 허리를 굽히는 것은 절대 바람직하지 않다. 적시에 머리를 숙이라는 것은 인간적인 나약함과 탐욕에 굴복하라는 것이 아니라, 분수를 알고 때에 맞춰 굽히고 몸을 펴는 인생의 태도를 뼈에 새기라는 말이다.

만약 환경의 제약 속에서 나아갈 힘이 없을 때는 고개를 숙여도 무방하다. 아마도 당신이 머리를 숙일 때, 나아갈 길을 비춰 줄 한 줄기 빛이 나타날 것이다. 제때 머리를 숙이는 법을 안다면, 삶에 더욱 단단한 근성이 생길 것이다.

Chapter 3 │ 직장생활에서
성공하는 사람들의
원칙

남들과는 다르게,

|

남들보다 앞서다

직장인들은 다들 승진을 목표로 업무를 한다. 하지만 높은 자리는 한정되어 있고 경쟁자는 많다. 따라서 늘 낙오되는 직원들도 많다. 이들은 자신이 왜 승진에서 밀렸는지 이유조차 모른다. 하지만 승진의 이치는 그리 어렵지 않다. 무엇보다 핵심 경쟁력을 만들어 놓는 것이 중요하다. 동료와의 경쟁에서 자신의 가치를 보여 주고, 독보적인 스타일을 만드는 것이다. 자신을 하나의 상품으로 생각하고 관리해야 한다. '브랜드 우위'는 반드시 다른 동료들과 '차별화'된 기초 위에 세워져야 한다. 색다른 아이디어가 없거나 출세할 의욕이 없고, 남들과 다르게 행동하지 못한다면, 조만간 현 위치에서 밀려날 수 있다.

무엇이 인간관계를 힘들게 하는가

텐센트 장샤오롱의
'다름'을 위한 도전

위챗의 아버지라 불리는 텐센트 부총재 장샤오롱張小龍에 관한 이야기다. 2005년, 장샤오롱은 텐센트에 입사했다. 막 QQ 메일을 인수했을 때, 그는 직장의 많은 선배나 동료와 마찬가지로 클라이언트적인 사고를 갖고 있어서 QQ 메일이 MSN과 G메일을 모방해야 경쟁력이 있다고 생각했다. 그는 이미 머릿속에 있는 사고방식에 따라 팀을 이끌고, 차세대 QQ 메일을 디자인해 순조롭게 시장에 출시했다. 하지만 새롭게 리뉴얼된 메일은 완패했다. 네티즌들은 메일 화면과 기능에 대해 냉소적이었고, 심지어 비아냥거렸다. 장샤오롱은 매우 막막했다. 어찌해야 할 바를 몰라 고통스러워하던 그는 마침내 생각을 바꾸기로 결정했다.

2006년 초 어느 날, 장샤오롱은 두바이의 요트 호텔에 있는 그림을 가리키며 팀원들에게 말했다. "우리는 7성급 메일을 만들어야 합니다." 이후 장샤오롱은 팀원들과 제품의 독보적인 핵심 경쟁력을 끊임없이 분석했다. 그들은 최종적으로 빠르고 간결한 것을 제품의 핵심으로 정하고, 초대용량 첨부파일을 제품의 셀링 포인트로 삼았다. 새롭게 제안된 프로젝트로 변경된 QQ 메일은 사용자가 큰 폭으로 증가하는 결과를 얻었다. 그리고 추후 이러한 사고의 흐름에 따라 장샤오롱은 위챗을 창조하게 된다. 많은 사람이 위챗은 완전히 색다른 플랫폼이라고 평가하자 장샤오룽은 이렇게 말했다.

"그런 의견에 대해 저는 매우 놀랐고, 또 무척 자랑스럽습니다. 색다르다는 것은 남들과 다르다는 것을 의미하고 또한 우수하다는 것을 의미하기 때문입니다."

독보적인 기능은 하나의 제품이 시장에 우뚝 서서 쓰러지지 않게 한다. 사람됨도 마찬가지다. 특히 직장에서 당신만의 독보적인 강점과 능력을 제대로 찾아야 대체될 수 없다. 한 회사의 수석 고문은 이렇게 말했다.

"훌륭한 직원은 항상 다른 사람이 생각하지 못했을 때, 이미 생각을 끝냈습니다. 다른 사람이 생각하고 있을 때, 이미 하고 있습니다. 다른 사람이 하고 있을 때, 이미 잘하고 있습니다. 다른 사람이 잘하고 있을 때, 이미 가장 잘하고 있습니다. 다른 사람이 똑같이 잘할 때, 이미 노선을 바꿔서 달리고 있습니다."

직장에서 반대 의견만 제시하고 해결 방안은 생각조차 하지 않는다면 사장은 단지 당신을 '가시'라고 여길 것이다. 그런 제안은 회사로서는 아무런 의미가 없기 때문에, 설령 아무리 감동적으로 말을 한다 하더라도 사장은 계속 주저하고 받아들이려 하지 않을 것이다.

반면, 건설적인 의견을 제시하고 해결 방안을 제시할 수 있을 뿐

무엇이 인간관계를 힘들게 하는가

만 아니라 강한 추진력으로 실현 가능하다는 것을 증명할 수 있는 사람은 회사 리더에게 신임을 받고 빠르게 승진할 수 있다.

남이 말하는 대로 하면 할수록 독립적인 사고 능력을 잃기 쉽다. 하물며 다른 사람의 빛 아래에서 살면 도저히 자신의 스타일을 드러내지 못할 뿐만 아니라, 미적거리고 두려워하는 나쁜 버릇이 생기기 쉽다. 직장이라는 강호에서는 누구와도 적당한 거리를 지키며, 항상 독립적으로 자신을 유지해야 한다.

비록 "모난 돌이 정 맞는다"고 말하지만, 어떤 때는 용감하게 나서서 '남들은 감히 하지 못하고 생각하지 못하는' 것을 하는 개척자가 된다면 꿈꿔 왔던 기회를 맞을 수도 있다.

코코 샤넬은 "남달라야만 대체되지 않는다."라는 자기관리의 명언을 남겼다. 자신을 개발하고 가치를 보완하고 향상하기 위해 남다른 사고방식을 통해 자원과 기회를 쟁취하는 법을 배워야 한다. 이러한 훈련을 꾸준히 하면 독특하고 탁월한 직장인이 될 수 있다.

사소한 업무 마스터는

성공을 위한 첫걸음이다

누군가는 "직장은 궁중과 같아서 화려하지만 그 안의 관계는 복잡하고 상황은 변화무쌍하다."라고 말한다. 하지만 신입직원이라면 직장을 죽기살기식의 궁중 암투극이 벌어지는 곳으로 여길 필요는 없다. 물론 직장 내 경쟁은 당연히 피할 수 없는 것이다. 경쟁에 맞서든 벗어나든 이때 중요한 것은 '분수를 지키는 것'이다. 목표를 가지고 침착하고 성실하게 일하면서 언제 어디서나 분수를 잘 지켜야 비로소 마지막에 웃게 된다. 하지만 유감스럽게도 대부분이 따뜻한 물에 들어 앉은 개구리가 그 온도에 적응해 자신의 몸이 익어가고 있는지도 모르듯이, 타성에 젖어 제 할 일만 목적 없이 할 뿐 그야말로 '제대로' 해내지 못한다. 이러한 현상은 비일비재하다.

이달에 목표로 한 프로젝트를 게으름을 피우면서 다음 달로 미루기도 하고, 퇴근할 무렵에 손님이 찾아오면 못 본 척하기도 한다. "저는 곧 퇴근해야 합니다. 왜 저의 휴식 시간을 미뤄야 합니까? 회사 규정에는 정시 퇴근을 지킨다고 쓰여 있어요."라고 말하는 듯 하다.

그러나 회사의 규칙과 제도는 현실에 안주하게 하는 보호막이 아니다. 제시간에 출·퇴근을 하고 가장 기본적인 업무량을 완성한다고 해서 아무 걱정 없이 두 다리 쭉 뻗고 잘 수 있는 게 아니다. 일단 위기감을 상실하면 조만간 다른 사람에 의해 대체될지도 모르는 곳이 회사다.

자신에게
주어진 일부터 잘하라

C 씨는 신입직원으로 들어온 지 한 달도 안 되어 정규직으로 전환되었고, 6개월 후에 프로젝트팀의 조장으로 승진하는 데 성공했다. 적지 않은 경력의 직원들은 "나는 본분도 다하고 있고 지금까지 큰 실수를 저지른 적도 없는데, 어째서 신입직원에게 그런 역할을 맡기느냐?"고 불평했다. 사장은 회의 중에 일부러 이 문제를 꺼내서 "C 씨가 이 자리에 앉을 수 있는 이유는 모두가 알고 있을 겁니다."라고 힘주어 말했다. 오래된 직원들은 딱히 할 말이 없었다. 그들은 모두 C 씨의 업무 태도를 잘 알고 있었기 때문이다.

고객들은 시도 때도 없이 고객의 소리를 통해 도움을 요청했는데, 그때마다 C 씨가 앞장서서 고객의 문제 해결을 도왔다. 어떨 땐 그는 고객의 감정을 달래 주기 위해서 한밤중까지 고객과 소통한 적도 있었다. 새로운 업무가 주어질 때마다 C 씨는 한 번도 불평하지 않고, 새로운 '작전 계획'을 세웠으며, 신속하게 문제를 해결하였다.

C 씨는 평소에 모든 업무 자료를 날짜에 따라 분류하고 잘 보관해 필요할 때마다 쉽게 찾아볼 수 있게 했다. 반면 대부분의 동료나 선배 직원들은 자료 관리를 소홀히 해 정작 필요할 때는 허둥대기 일쑤였다. 지난날의 일들을 떠올리니 의문을 제기했던 직원들은 할 말을 잃을 수밖에 없었다.

주어진 일을 잘하는 것과 규정을 어기지 않고 경력만 쌓는 것은 별개의 일이다. 후자는 본질적으로 대충대충 일하면서 시간만 때운 직원들이다. 이들은 분명 무슨 큰 잘못을 저지르지는 않았지만, 내세울 만한 어떤 성과도 없다. 그런데 어떻게 다른 사람을 이길 수 있겠는가? 소위 잘한다는 데는 어떤 기준이 있다. 규정된 범위 내에서 주어진 일을 완전하게 해야 한다는 것을 의미한다. 또한 상사는 물론, 본인도 자랑스럽게 여길 만한 결과를 내는 것을 말한다. 누군가는 그렇게 힘들게 일할 필요가 있냐고 반문할지 모른다. 그리고 잘하든 못하든 모두 같은 월급을 받기에 그럭저럭 일하면 되는데

무엇이 인간관계를 힘들게 하는가

신경을 쓰면 나만 괴로울 뿐이라고 생각한다.

단기적으로는 5분 신경 쓰는 것과 오래 고심해서 얻는 답은 같다. 그러나 장기적으로는 더 고심해서 일하는 쪽이 미래에 주어질 기회를 준비하는 것이다. 인내심을 가지고 노력하여 충분히 준비한다면 행운의 여신이 보살필 것이다. 그렇지 않으면 그저 쉽게 도태될 뿐 기회를 만날 자격조차 없어진다.

맡은 바 일을 잘한다는 것은 또한 전체를 바라보면서 눈앞에 주어진 작은 일들을 잘한다는 것을 의미한다. 만리장성이 만 리에 펼쳐질 수 있었던 것은 무던히 벽돌을 쌓았기 때문이다. 어떤 크고 견고한 사업도 모두 무수한 작은 일이 축적되어 이루어진다.

적극적이고 열정적으로

일본 드라마 〈수수하지만 굉장해! 교열걸 코노 에츠코〉에서 여주인공 코노 에츠코가 첫 직장에서 맡은 일은 자신이 기대했던 일이 아니었다. 하지만 전력을 다해 일했다. 첫 번째 책을 교정할 때 에츠코는 다른 동료들과 확연히 다른 업무 태도를 보였다. 그녀는 한 구절씩 곱씹으며 읽고 검증하며 어떤 오탈자도 놓치지 않았다.

책 속에 등장하는 모든 지명을 직접 탐방하여 저자가 쓴 것이 사실과 동떨어지지는 않았는지 검사했다. 일부 참고서에서 소개한 일상에서 절약할 수 있는 작은 방법들도 그녀는 직접 검증하여 저자에게 수정 의견을 제시했다. 어떤 일본 현지 건축의 역사를 언급하는 설문지를 교정할 때는 많은 시간을 들여 자료를 수집하여 교정하고 대조하였다. 서서히 동료들은 모두 그녀의 적극적이고 열정적인 업무 태도에 감명받았고, 점점 더 많은 작가가 그녀의 도움을 받아 더욱 완벽한 작품을 써냈다. 또한, 원래 무미건조하기 그지없는 교정 작업이지만 마음가짐을 달리하여 열정적이고 매력적인 업무로 변화시켰다.

안정적으로 전진하려면 반드시 '멀리 바라보되 작은 곳에서 시작하는' 원칙을 따라야 한다. 특히 첫 직장에 입사했을 때 그런 작은 일들을 절대 무시해서는 안 된다. 그때 잘할 수 있는 일은 정말 소소하고 작은 일뿐이라는 사실을 알아야 한다.

사장이나 상사가 당신에게 맡긴 업무가 너무나도 사소할지라도, PPT 문서에 정성을 쏟고, 마치 그림을 그리듯 포토샵 편집에 에너지를 담으며 업무를 처리한다면 사장은 비로소 당신이 그런 업무만 하기에는 아까운 존재라는 생각을 하게 된다. 이럴 때 당신은 자연스럽게 자신을 증명할 더 많은 기회를 얻을 수 있다.

직장인의 본분은 무엇인가 생각해 보자. 바로 완벽에 가까운 기준으로 엄격하게 맡은 업무를 하는 것이다. 평소에 주어진 가장 작은 일에 최선을 다하고, 계속해서 적극적이고 열정적인 업무 태도를 유지하고, 상사의 명령을 진지하게 듣고 끝까지 충성하는 것이다. 직장에서 주어진 일을 잘 처리한다면 더 높은 계단을 밟을 수 있는 기회가 당신에게 반드시 찾아온다.

신뢰받는

|

부하직원이 되는 법

속담에 '꼬리가 너무 커서 흔들 수 없다'는 말이 있다. 이는 아랫사람으로서 분수의 척도를 잘 모른 채 자신의 실력을 절제할 줄 모르면 윗사람에게 가시 같은 존재가 되어 자칫 상사의 온몸을 피투성이로 만들 수 있다는 말이다. 일단 이 지경이 되면 설사 윗사람과 동고동락한 파트너였다 하더라도 관계는 파탄에 이르고 만다.

『도덕경』에는 "정말 총명한 사람은 겉으로는 우둔한 것처럼 보여도 말솜씨가 좋으며 그럼에도 말이 둔한 척한다."라는 구절이 나온다. 그 의미는 사람은 강함을 숨기고 약한 모습을 보여 주어야 한다는 뜻이고, 지혜로워도 우둔한 것처럼 행동해야 한다는 것과 같다.

직장에서 우리가 가장 유념해야 할 것은 바로 우직함을 지키는 이치다. 총명한 아랫사람은 반드시 상사와 함께 자신의 공을 나눈다. 그렇게 해야만 상사의 호감을 사는 동시에 상사의 권위를 거스르지 않게 된다.

자동차 산업의 전설,
리 아이아코카의 오만

미국 자동차 산업의 전설이라고 불린 기업가 리 아이아코카Lee Iacocca는 파산 직전인 자동차 제조업체 크라이슬러의 회장을 맡아 애물단지 회사를 미국 3위의 자동차 기업으로 만들어냈다. 리 아이아코카가 1946년 포드 자동차 회사에 들어갔을 당시, 그는 단지 평범한 영업직원에 불과했다. 한때 포드 회사는 갑자기 경제 위기에 부딪혀 파산 직전까지 간 적이 있었는데 회사 내 직원들의 인심이 흉흉할 때 아이아코카는 오히려 주도적으로 혁신을 요구하였다. 그는 밤낮없이 노력해 마침내 젊은이들을 위한 새로운 자동차 모델인 '머스탱'을 개발하였다.

당시 포드 회사를 운영하던 상사는 이 새로운 콘셉트 차에 전혀 관심이 없었지만, 별다른 뾰족한 수가 없었던 터라 이이이코키의 의견을 받아들일 수밖에 없었다. '머스탱' 시리즈는 출시되자마자 곧 자동차 시장에서 추앙받는 총아가 되었다. 당시 아이아코카의 머스탱 시리즈가 포드 회사 전체를 구했다고 해도 과언이 아니다. 아이아코카는 이 효자 상품으로 인해 포드 회사의 가장 큰 공신이 되었고, 그의 직위는 급격히 올라갔다. 그리고 1970년 12월 10일, 아이아코카는 미국의 제2자동차 왕국인 포드 회사의 두 번째로 높은 총수로 임명되었다.

하지만 총수가 된 아이아코카는 점차 대인관계에서 문제를 보이기 시작했다. 업무를 할 때 윗사람을 위협하고 의구심을 가졌다. 상사였던 포드 2세와의 관계도 아이아코카의 거만한 태도 때문에 조금씩 금이 가기 시작해, 1978년 7월 그가 54세 때, 아이아코카는 갑자기 포드 2세에 의해 회사에서 제명되었다.

생각해 보자. 당신이 상사라고 가정했을 때 부하 직원이 나의 후광을 모두 가져가서 자리를 위협하는데, 어느 누가 그의 존재를 눈엣가시로 보지 않겠는가? 똑똑한 직장인은 언제 어디서나 분수를 알아야 한다. 혹여 참지 못하고 상사와 공로를 다투는 일은 없어야 하며, 어떤 공로는 상사에게 양보해야 한다. 그리고 어떤 실수는 자신이 감당할 줄도 알아야 한다. 이렇게 해야 오랫동안 직장 생활을 잘 유지할 수 있다.

예를 들어, 업무를 놓고 토론할 때 상사와 격렬하게 다투지 마라. 다른 의견이 있다면 사석에서 좋게 말하면 된다. 또 업무 보고서를 다 쓴 후에는 성심성의껏 상사에게 보고하고 검토를 부탁한다. 또 다른 경우, 당신이 일을 잘해서 회사 각 부서의 동료들로부터 인정을 받으며 회사 밖의 사람들조차 당신의 업무 능력에 대해 칭찬할 때 절대 공을 자신의 것으로만 만들지 말고, 상사에게도 돌릴 줄 알아야 한다.

공을
독차지하지 마라

매우 유능한 주간지 기자 H 씨는 예리한 통찰력과 화려한 언변, 출중한 글솜씨로 이름을 알렸다. 그가 기획한 주간지 헤드라인은 항상 주간지 톱기사가 되었고, 그의 글은 종종 화제를 불러일으켰다. 이 때문에 회사에서는 어떤 중대한 업무가 생기면 모두 H 씨에게 맡겼다. 그 역시 이를 거절하지 않았고 편집장의 의견에는 더욱 연연해하지 않았다. 그는 능력 있는 사람이 일을 더 많이 하는 게 맞다고 생각했다. 처음 한두 번은 아무 일 없이 지나갔지만 그런 일이 많아지자, 편집장은 H 씨가 너무 오만하고, 좋은 헤드라인은 늘 그가 독점하며, 다른 사람에겐 기회를 주지 않는다고 불만을 품었다. H 씨는 일이 많아질수록 점점 더 자주 편집장에게 불려가게 되었지만 개의치 않았다. 능력이 있고 탁월한 사람이라면 반드시 남들과 다르게 보여야 한다고 생각했다.

어느 날 주간지의 이사장이 지난번 발표된 기사에 대해 표창을 하기 위해 H 씨와 그의 상사인 편집장을 찾아와 이야기를 나눴다. H 씨는 상을 수여한다는 소식에 무척 기뻐하며 이사장에게 이렇게 말했다. "이런 성적을 낼 수 있었던 것은 전적으로 편집장님 덕분입니다. 그가 없었다면 이렇게 좋은 기사를 쓸 수 없었을 것입니다. 저는 그저 실행에 옮겼을 뿐이지요."

편집장은 그의 말을 듣고 매우 기뻐했고, 이사장은 그를 재차 칭찬했다. 하지만 한편으로 편집장은 줄곧 자신을 신경도 쓰지 않던 H 씨가 이번에는 무슨 일로 자신을 치하했는지 의아해했다.

알고 보니 한 친구가 H 씨에게 조언을 해 준 것이었다. 회사 내 이해관계와, 윗사람과 어떻게 지내야 하는지에 관한 내용이었다. 점차 H 씨는 편집장의 인정을 받았을 뿐만 아니라 회사 고위층에게서도 좋은 평가를 받았다.

만약 당신이 직장에서 상사에게 위협을 주거나 의구심을 갖게 하는 경향이 있다면, 반드시 정신을 차리고 돌아서야 한다. 그렇지 않으면, 다음에 패배하는 사람은 아마도 당신이 될 것이다.

상사의 눈에는 두 종류의 부하 직원이 있다. 하나는 말馬같은 부하 직원으로, 능력은 부족할지 모르지만 말을 잘 듣고 충성하며 부지런해서 상사에게 사랑받고 안정감을 준다. 다른 종류는 늑대 같은 부하 직원이다. 비록 능력은 뛰어나지만 규칙을 준수하지 않으며 자신의 재주만 믿고 상사의 권세를 빼앗는 것을 좋아한다. 이들 부류는 상사를 가장 위험에 처하게 한다. 만일 늑대과의 부하에게서 윗사람을 위협하거나 능력을 의심하는 성향을 발견한다면 상사는 즉시 차단해 버릴 것이다.

　　　　　　　　무엇이 인간관계를 힘들게 하는가

회사에서는 반드시 지켜야 할

순서와 규칙이 있다

이제 막 사회생활을 시작한 초짜들은 대부분 직급이 높은 사람 눈에 빨리 띌수록 진급에 유리하다고 생각한다. 그래서 사장에게 충성을 표시하기 위해서 거듭 직급을 건너뛰어 보고하기도 하는데, 이는 사실 직장에서 금기시되는 일이다.

2017년에 방영된 직장 생활을 다룬 중국 인기 드라마 〈범인적 품격〉에서, 여주인공 창거는 직장에 갓 입사한 어리바리한 직원이었다. 그녀는 하룻강아지 범 무서운 줄 모르듯 모든 일에 의욕적으로 덤벼들었지만, 경험이 부족해 자주 실수를 저질렀다. 어느 날 창거는 자신이 가장 열정적으로 만들었던 프로그램 기획안을 들고 사장실을 찾아갔다. 그녀는 사장이 자신의 기획안을 만족하며 칭찬할 것이라 예상했지만, 사장은 오히려 불쾌한 기색을 보이며 직속 상관을 찾아가라고 했다.

"나를 먼저 찾은 것은 무례한 태도야, 알겠나?" 사장은 엄격하게 말했고, 창거는 순간 멍해져서 어찌할 바를 몰랐다.

사회생활 베테랑들은 모두 알고 있듯이, 직급을 건너뛰어 보고하는 것은 '불경한' 행동이고, 부적절한 모습으로 사장의 기분을 상하게 할 수 있다. 설령 당신이 업무를 아주 잘 수행했다 하더라도, 직급을 건너뛰어 보고하는 행동은 사장에게 부정적인 인상을 남길 수 있다.

더구나 당신의 그런 행동은 직속 상관을 존중하지 않는 것이다. 직속 상관의 관리와 소통이 본래의 효력을 잃었음을 의미한다. 만약 당신이 지도자였다면, 부하가 이런 식으로 당신의 뒤통수를 친다면 무슨 생각이 들겠는가?

매우 센스있고 현명한 리더라면 부하의 능력을 향상시키기 위해서 때때로 부하에게 직급을 건너뛰어 보고하도록 권장하기도 한다. 그리고 말실수를 방지하기 위해서 그들은 부하에게 사전에 시연해 보고 질문에 답하는 것을 연습하라고 당부한다. 하지만 직장에서 이런 일은 결코 흔치 않다. 대부분은 부하 직원이 직급을 건너뛰어 보고하는 것을 좋게 보지 않는다.

'어차피 이 일도 결국 맨 위에 리더가 판단할 텐데, 그럴 바에는 차라리 직접 리더를 찾아가서 보고하는 것이 낫겠다'는 생각이 들지도 모른다. 회사가 정상적으로 운영되는 것은 모든 사람이 각자 맡은 바 임무를 하기 때문이다. 규모가 큰 회사일수록 규정은 더욱 완벽하다. 모든 사람이 준수하는 규칙에 도전하려고 하지 마라.

어떤 사람은 자신의 직속 상관이 마음에 들지 않는다는 이유로 상사보다 직급이 높은 리더를 찾아간다. 그들은 현재 있는 부서를 떠나기 위해서 회사 내의 다른 부서에서 기회를 찾거나, 아니면 상사의 명령에 불복하면서 다른 리더가 실력으로 자신의 상사를 쓰러 뜨리기를 바란다. 하지만 이것은 위험한 도박이다.

당신이 사장과 무슨 이야기를 했든 언제든지 위험에 처할 수 있다. 리더들 사이에는 업무상 혹은 생활상의 관계와 크고 작은 갈등이 존재할 수 있는데, 그 안의 일은 복잡하게 얽혀 있다. 당신이 제멋대로 정상적인 규칙과 절차를 무시하고 직급을 건너뛰어 보고한다면, 어쩌면 엄청난 갈등에 휘말려 온몸이 피투성이가 될 수도 있다.

게다가 당신이 항상 직급을 건너뛰어 보고한다면 그런 모습은 진상을 모르는 동료의 눈에는 다르게 해석될 수 있다. 그들은 당신이 높은 직급의 상사에게 아첨하고, 직속 상사의 권위를 빼앗고 있다고 생각할 것이다. 그리고 미움을 받고 싶지 않아서 직급을 건너뛰어 보고하는 동료와 어울리는 것을 피할 것이다. 그렇게 점점 당신은 회사에서 고립될 수 있다.

직급을 건너뛴
보고를 할 때 노하우

누군가는 '직급을 건너뛴 보고'는 잘못된 결혼생활보다 더 심각하다고 말한다. 또 누군가는 '직급을 건너뛴 보고'는 마치 칼날에 베이는 것 같아서 자칫 조심하지 않으면 스스로 상처를 입는다고 말한다. 하지만 만약 당신이 대담하고 세심하게 행동한다면, 어떤 경우에는 직급을 뛰어넘는 보고가 더 높은 사람과 가까워지는 계기가 될 수 있고, 일이 순조롭게 해결된다면 리더는 당신을 눈여겨보고 중시할 수도 있다.

서로 다른 직업과 개성을 가진 다섯 여성들의 고민을 담은 '중국판 섹스 앤 더 시티'로 불리는 드라마 〈환락송〉의 추잉잉은 카페에서 일을 하다 한 가지 아이디어가 떠올랐다. 바로 인터넷 채널을 만들어서 커피를 파는 온라인 상점을 여는 것이다. 그녀는 직속 상관인 점장을 찾아가 자신의 계획을 들려주었다. 계획을 말할수록 그녀는 몰입되어 마치 눈앞에 그림이 그려지는 듯했다. 하지만 점장은 흥미를 보이지 않았고, 그녀의 계획이 비현실적이라고 생각했다.

두 사람은 의견의 일치를 보이지 않았고 대화는 발전 없이 끝이 났다. 하지만 추잉잉은 이대로 포기할 수 없었다. 용기를 낸 그녀는 사장과 직접 이 아이디어를 나눴고, 사장은 그녀의 생각에 곧 동의하였다. 추잉잉은 차근차근 준비하며 쇼핑몰을 오픈했다. 그 뒤, 그녀는 끝까지 '직급을 건너뛴 보고'를 하였다. 비록 반복적으로 직장의 금기를 어기는 행동을 했지만, 그녀의 행동이 옳았기 때문에 불이익을 당하지는 않았다. 어떻게 그녀는 직급을 건너뛴 보고를 하고도 인정을 받을 수 있었던 것일까?

우선, 추잉잉은 사장에게 업무를 보고할 때 매번 확실한 근거가 있었고, 간결했다. 두 번째로 추잉잉은 매번 점장 앞에서 사장에게 업무를 보고했다. 그렇게 함으로써 그녀는 점장의 뒷담화를 하거나 점장 자리를 노린다는 의혹을 피할 수 있었다. 그녀의 그런 솔직한 모습을 본 점장은 일을 하면서 그녀를 음해하거나 괴롭히지 않았다.

이 외에도 추잉잉은 사장에게 아이디어를 제안하기 전에 철저히 준비했다. 거래 데이터와 예상 데이터를 하나하나 분석했기 때문에 상대방의 마음을 움직일 수 있었다. 이것은 우리에게 정말로 직급을 뛰어넘어 보고하고 싶다면, 먼저 준비를 착오 없이 잘해야 하며, 함부로 나서지 말고 기회를 잘 보고 진행해야 된다는 것을 알려 준다.

직급을 건너뛰어 보고하고 싶다면 자신에게 정말로 실력이 있는지부터 확인하자. 단지 큰 소리만 치고 실력은 없다면, 리더가 당신을 발탁하려 해도 아무 소용이 없다.

　기억하라. 직장에서 분수를 아는 사람은 결코 쉽게 회사의 관리 질서를 깨뜨리지 않는다. 그들의 직급을 건너뛴 보고는 되도록 중요한 때만 신중하게 사용하는 것이다.

무엇이 인간관계를 힘들게 하는가

견디고 노력하면

|

강해진다

"당신은 스트레스에 강합니까?"

많은 인사 담당자가 면접 시 이런 질문을 한다. 이것은 직장 생활이 얼마나 팍팍한지에 대한 방증일 것이다. "남의 주머니에서 돈을 얻는 것은 쉬운 일이 아니다."라는 말에도 역시 직장인의 애환이 담겨 있다.

초짜 직장인으로서 반드시 배워야 할 것은 욕을 먹었을 때 억울해하고, 달갑시 않게 여기거나 원망하고 분노하는 것이 아닌 감내하는 일이다. 한마디로 욕을 먹을 줄 아는 능력을 말한다.

분수를 아는 사람은 상사의 호통도 달게 여긴다. 직장생활에는 수많은 질풍과 소나기가 쏟아지는데, 어떻게 유리 같은 멘탈로 맹렬한 불길을 뚫을 수 있겠는가.

한 무역회사 직장인 J 씨는 입사한 지 막 10일이 지났을 때, 선량한 동료와 관대한 지도자에 대한 환상이 산산조각 났다. 그가 보고서를 작성할 때 실수를 하자, 상사는 그를 호되게 꾸짖으며 말했다.

"출근할 때 정신을 어디에 팔았어? 보고서의 숫자에 소수점이 하나 빠진 걸 모르고 보고를 한단 말이야? 만약 내가 이 보고서를 고객에게 바로 전달했다면 회사 손해가 얼마인지 알아? 네가 배상할 거야? 머리는 장식으로 달고 다니는 줄 알아?"

당시 사무실 문이 열려 있어 상사의 분노에 찬 목소리는 좁은 공간에 메아리쳤다. J 씨는 얼굴이 붉게 달아올랐다. 그는 여태까지 이렇게 무섭고 수치스러운 감정을 느껴 본 적이 없었다. 그는 문을 벌컥 열고 도망치거나 화를 내고 싶은 걸 수천 번 참았다. 대신 감정을 억누르고 "죄송합니다. 곧 수정하겠습니다!"라며 진심으로 사과했다.

그러나 이것은 단지 시작일 뿐이었다. 그 이후로 상사의 비난과 질책은 일상이 되어 J 씨에게 쏟아졌다.

"네가 만든 파워포인트는 초등학생 수준이라고 할 만큼 유치해, 다시 만들어 와!"라는 인신공격성 말이 날아왔다.

"어떻게 기획한 거야? 눈썰미도 없고, 센스가 너무 떨어지는 것 아냐?"라고 반문하기도 했다.

"네 생각은 조금도 쓸 만한 것이 없네. 너무 뜬구름 잡는 소리야. 도대체 대학에서는 뭘 배운 거야?"

J 씨는 슬슬 그만두는 게 낫겠다는 생각을 여러 차례 했다. 그러나 실행에 옮길 용기가 없었다. 그는 자괴감에 빠져 '내가 그렇게 일을 못하나?'라며 자문했고, 하루하루 출근길은 지옥과도 같았다. 하지만 아이러니하게도 굴복할 마음보다 오기가 생기기 시작했다. 결국 J 씨는 파워포인트 작성이 마음대로 되지 않을 때면, 여러 동료에게 가르침을 구하고 반복해서 연습했다. 비판을 받은 기획안에 대해서는 상사가 만족할 만한 방안이 나올 때까지 밤새 수정했다.

그가 이렇게 노력한 이유는 하나다. 상사에게 욕을 덜 먹기 위해서다. 그리고 그의 노력은 결국 빛을 발했다. 다소 시간이 걸리긴 했지만 서서히 상사는 그의 꾸준한 노력을 인정했고, 서서히 나아지는 모습을 좋게 봐주었다. 그렇게 J 씨는 현재 상사가 가장 신임하는 직원이 되었다.

수치를 겪고 나면 용기가 생긴다

세계 1위 에어컨 기업인 중국 거리格力전기 둥밍董明珠 회장은 '철의 여왕'으로 알려져 있다. 그녀가 쓴 몇 마디 말이 일찍이 SNS에서 폭발적인 인기를 얻었다.

"일을 하면서 매일 상사가 당신에게 뭔가를 가르쳐 줄 것을 기대하는 사람은 학교로 돌아가서 더 배워오는 게 낫다. 그러면 선생님은 아마도 일대일로 당신을 가르칠 것이다. 상사의 감시를 받아야 일하는 사람은 폭스콘으로 가라. 생산 라인이 당신에게 가장 적합하다. 상사가 당신을 달래야 일을 하는 사람은 당신 어머니 곁으로 돌아가라. 그리고 크고 나서 다시 이 세상을 직면하라!"

직장은 전쟁터와 같아서 누구도 당신을 달래 주거나 따뜻한 관심을 기울이지 않는다. '유리 멘탈'은 직장에 잘 적응하기가 어렵다.

어쩌면 너그럽고 다가가기 쉬운 상사를 만나 부하 직원이 실수를 하더라도 격려해 주며 항상 자존심을 지켜 주리라 기대했을 수 있다. 그러나 현실은 상사가 너그럽게 대할수록 당신은 대수롭지 않게 여겨 실수를 반복하게 될 것이다.

아마 모두 '따뜻한 물속에서 서서히 죽어가는 개구리' 이야기를 들은 적이 있을 것이다. 능력이 부족할 때, 상사의 친근하고 온화한 모습은 마치 따뜻한 물이 담긴 솥처럼 당신의 경계심을 잃게 한다. 자신이 사실 제자리만 걷고 있음을 전혀 의식하지 못하며 오히려 시종 괜찮다고 느끼면서 '따뜻하고 즐거운' 분위기에 완전히 젖어들 것이다. 결국, 당신은 돌이킬 수 없는 큰 잘못을 저지를지도 모른다. 그러나 따가운 질책과 엄숙한 비판은 끓어오르는 물과 같아서 계속해서 고통스럽게 만든다. 하지만 그 고통은 자신을 더욱 향상시키고 발전시킬 계기가 된다. 그렇게 업무 능력은 점점 더 나아질 것이다.

2002년 어느 금요일 오후, 구글의 설립자인 래리 페이지는 어두운 표정으로 사무실에 들어섰다. 그리고 그는 구글의 오른쪽에 뜨는 광고에 대한 반응을 인쇄해서 사무실 한쪽 벽에 붙였다. 많은 직원이 벽을 둘러쌌다. 종이 맨 위쪽에 있는 한 줄의 문장이 그들의 눈살을 찌푸리게 했다. 바로 "이 광고들은 정말 형편없어요."라는 말이었다. 마침내 모든 직원은 그 종이를 쳐다보며 중얼거리기 시작했다.

일부 사람들은 "우리가 얼마나 고생했는데, 이건 정말 모욕이다."라고 매우 불쾌하게 생각했다. 다른 사람들은 말없이 주먹을 꽉 쥐었는데, 그들은 다시 자리로 돌아가 모니터를 주시하며 머리를 짜내어 새롭고 신선한 광고를 고민하기 시작했다.

월요일 아침, 한 무리의 기술자들이 연합하여 상급자에게 한 통의 메일을 보냈다. 메일에는 그들이 고생해서 일한 업무의 결정체, 구글의 오른쪽 광고의 검색 문제 해결 방안이 적혀 있었다. 이것이 바로 구글의 수익 모델의 시작이다. 그렇게 전혀 알려지지 않았던 구글 회사가 점차 본 궤도에 들어서서 최종적으로 전 세계에서 가장 큰 검색 엔진 회사가 되었다.

세상에서 억울함을 당하지 않을 일을 찾는 건 힘들 것이다. 일하다 보면 욕을 먹을 수 있고, 질책을 받으며 성장한다. 다만 욕을 먹은 후에는 반드시 감정을 가라앉혀야 하며, 이치를 따지며 대들거나 실수한 원인 혹은 속사정을 설명하려 해서는 안 된다. 솔직하게 잘못을 인정하고, 사과하고, 용감하게 책임을 지고, 최대한의 노력을 다하여 손실을 메워야 한다. 그렇게 상사의 질책이 있고 난 뒤의 행동 또한 중요하다. 자신이 욕을 먹은 이유가 무엇인지, 일이 지연되어서인지, 아니면 일에 전념할 수 없었기 때문인지, 아니면 부주의가 용납될 수 없는 어처구니없는 실수를 범했는지를 살펴야 한다. 아무리 분석해도 본인의 실수가 아니라면 상급자와 의사소통에 문제가 있었는지 되돌아보고 철저하게 반성해야만 비로소 스스로 자신의 부족함을 알아볼 수 있고, 같은 부분에서 두 번 넘어지는 일을 피할 수 있다.

칼은 갈지 않으면 뭉툭하다. 사람은 항상 수치를 겪고 나면 용기가 생긴다. 상사의 호된 욕설 속에서 자신을 계발하고 승화시킬 수 있는 것은, 일종의 전략이자 능력이다.

무엇이 인간관계를 힘들게 하는가

상사의 장점을

|

활용하라

경영학의 대가 피터 드러커는 『피터 드러커 자기 경영 노트』에서 "탁월한 업무 성과는 부하 직원이 상사의 장점을 발견하고 이용하는 데 달려 있다."라고 말했다.

직장에서 분수를 아는 사람들은 상사도 사람이며 장점뿐 아니라 단점도 있다는 사실을 이해한다. 우리가 상사의 단점을 포용하지 못하면 업무 성과가 제대로 나오기 힘들다. 반대로, 만약 우리가 상사의 장점에 집중하고, 상사의 부족함을 덮어 주며, 그를 도와 소기의 업무 성과를 달성한다면 다 같이 즐거운 결말을 얻을 수 있다.

상사의 부족한 점에 초점을 두고 따지려 하기 전에 자신에게 먼저 물어보자.

"내 상사는 이전에 어떤 성과를 거두었지? 어떤 능력을 갖고 있지? 잘하는 업무는 무엇이지? 내가 무엇을 하길 바라고 있을까?"

알리바바 마윈의 남자,
차이충신이 일하는 법

차이충신蔡崇信, Joseph Tsai은 중국 최대 전자상거래 기업 알리바바의 '숨은 개국 공신'으로 통한다. 어떤 이는 차이충신을 마윈의 '배후의 남자'라고 말한다. 그들은 업계를 누비며 서로 장단점을 보완하는 최고의 상하 관계이다. 차이충신과 마윈은 1999년 5월 처음 만났다. 마윈은 줄곧 그의 위대한 비전을 얘기했고, 차이충신은 마윈의 인간적인 매력에 푹 빠졌다. 마윈 또한 차이충신을 매우 마음에 들어 하며, 그에게 거듭해서 입사를 제안했다. 그리고 "매달 50달러의 월급만 줄 수 있을 것 같은데, 나와 함께 일하고 싶나요?"라고 물었다.

차이충신은 심사숙고 끝에 마침내 마윈의 회사에 들어가기로 결정했다. 그날로 그는 새 양복을 입고 가족을 데리고 항저우로 갔다. 도착한 뒤 그는 자신의 눈을 의심했다. 그제야 그는 마윈의 회사가 사실은 창업한 지 몇 개월밖에 안 된 초짜 인터넷 사이트 회사일 뿐이며, 회사 안에 아무런 제도도 없고, 사업 등록조차 하지 않았다는 것을 알았다. 하지만 차이충신은 마윈이 사장으로서 매우 뚜렷한 장점을 가진 인물임을 느꼈다. 그는 마윈이 열정적이고 적극적이며, 연설 솜씨가 뛰어나고, 말 속에 사람을 설득하는 매력이 있을 뿐만 아니라, 안목이 뛰어나고 통찰력이 있어서 미래를 대비할 수 있을 것이라고 분석했다. 동시에, 마윈의 단점도 매우 뚜렷하게 보였다. 어떻게 구체적으로 회사를 경영할 것인지에 관해서는 전혀 알지 못한다는 것이었다.

차이충신은 곧 자신의 능력으로 마윈의 단점을 보완하고, 가능한 한 마윈의 장점을 발휘할 수 있는 기회를 만들었다. 그는 회사 직원들에게 조금씩 '주식'과 '주주의 권익'이 무엇인지 가르쳤고 구체적인 제도를 제정하였다. 차이충신의 안정적인 경영 아래 마침내 일본 소프트뱅크의 사장 손정의는 알리바바에 2천만 달러의 투자를 하게 되었다.

항상 상사를 바꿀 생각을 하거나 상사가 스스로 한계를 뛰어넘기를 고집스럽게 기대하지 마라. 분수를 아는 사람은 상사의 장점에 공을 들인다. 상사의 장점을 완벽하게 이용할 수 있다면, 당신에게 맡겨진 일도 아주 효과적으로 해낼 수 있을 것이다.

기억하라. 상사와 당신은 원래 관리하고 관리되는 관계가 아닌 한 쌍의 '최고의 파트너'여야 한다는 것을.

피터 드러커는 모든 부하 직원들에게 "솔직히 말하면 상사가 원하는 것은 무엇이든 최선을 다하고, 상사가 하고 싶지 않아 하는 것에 대해선 아무 말도 하지 말라."고 조언한다.

　직장에는 상사마다 저마다의 업무 방식이 있다. 만약 당신의 상사가 호불호가 뚜렷하고 다혈질적인 사람이라면, 상사에게 긍정적인 리액션을 많이 하라. 평소에 일을 빠르게 처리하고 어떤 일이든 미리 계획을 세워 두고, 건의하고 싶은 것이 있다면 빠르게 하라.

　만약 당신의 상사가 주도면밀하고 수동적이라면, 업무를 보고할 때 반드시 일의 중요도를 가리지 말고 세부 사항을 다 보고해야 한다. 상사의 스케줄을 분명히 알고 있어야 하며, 적당한 때에 상사를 격려하고 새로운 일을 할 수 있게 용기를 북돋아 주어야 한다.

　만약 당신의 상사가 원가, 예산 및 투자수익률에 관심이 많다면, 절대 상사의 시간을 낭비하지 말아야 한다는 것을 기억하라. 상사에게 어떤 건의를 하기 전에 항상 제2안을 마련하고, 가격 대비 성능의 관점에서 분석하고 많은 데이터를 확보한 뒤 보고해야 한다.

　당신이 상사와 호흡을 완벽하게 맞출수록 당신에 대한 상사의 신뢰도는 더욱 높아진다. 일단 상사와 당신 사이에 상호 신뢰와 상호 의존이 쌓이면, 위아래를 막론하고 매우 빠르고 효율적인 업무 패턴이 만들어진다. 이러한 상태에 도달하기 위해서 때때로 당신은 상사의 능력을 이용하여 일을 처리하는 법을 배워야 한다. 만약 상사의 힘을 빌려 더욱 좋은 결과를 얻을 수 있다면 앞으로는 문제가 생겼을 때 함께 해결할 수 있을 것이다.

이른바 방관자가 사물을 냉정하게 본다는 말처럼, 다른 사람을 관찰하는 것은 우리가 가장 잘할 수 있는 것이다. 다만, 절대 상사의 단점 때문에 그를 과소평가해서는 안 된다. 상사의 장점에 착안해야 그를 돕는 동시에 스스로 발전할 수 있다.

미운 상사도

|

포용할 줄 알아야 한다

체면을 중시하는 것은 인지상정이다. 직장에서는 더욱 예외가 아니다. 분수를 아는 사람은 매사에 상사의 체면을 보호하거나, 특별한 경우에는 내색하지 않고 상사의 체면을 세워 준다. 이에 반해 '초짜 직장인'들은 종종 상사의 체면을 구겨서 밥벌이를 잃거나 앞날을 망치기도 한다. 설령 당신이 그것은 단지 실수에 불과하다고 설명을 해도 상사는 당신의 상황을 이해할 시간이 없다.

입장을 바꿔 생각해 보자. 만약 당신이 상사라면, 눈치 없는 부하가 공공연한 장소에서 툭하면 체면을 깎아내릴 때, 당신은 그를 승진 '블랙리스트'에 포함시킬지도 모른다. 이에 비해 똑똑한 사람은 항상 먼저 상사의 입장과 이익을 생각한다.

G 씨는 대학 졸업 후 스타트업에 기획자 직무로 입사하였다. 회사는 막 시작해서 아직 궤도에 오르지 않은 상태였고, 때때로 어려움을 겪었다. 한번은 한 고객이 갑자기 계약을 파기하고 양해 각서 MOU를 중단하였다. 그렇게 직원들이 야근을 해가며 마무리한 기획안은 한낱 종이 쪼가리가 되어 버렸다. 회사의 자금줄이 일순간에 끊어지는 상황이 되자, 사장은 남몰래 애를 태웠지만 티 내지 않고 평소대로 직원들을 대했다.

G 씨가 야근을 하고 있던 어느 날이었다. 사무실 안은 매우 조용했다. 그때 어디선가 사장님이 고객과 통화하는 소리가 불쑥 들려왔다. G 씨는 통화 내용을 엿듣게 되었는데, 사장님이 고객에게 이전의 양해각서에서 빚진 비용을 청산해 달라고 끊임없이 간청하고 있었다. 그렇지 않으면, 직원들에게 다음 달 월급을 줄 수 없다고 읍소했다. G 씨는 그제야 회사가 얼마나 어려운 상황인지 알았다.

그는 밤새 고민한 끝에 다음 날 사장님을 찾아가 말했다. "사장님, 고객이 계약을 파기해 현재 어려운 상황에 처한 것을 알고 있습니다. 하지만 저는 모두가 함께 노력하면 반드시 이 난관을 이겨낼 수 있다고 믿습니다." 그는 사장에게 다음 달 월급을 이월해 달라고 했다. 덧붙여 자신이 책임지고 다른 사람들도 설득해 보겠다고 했다. 그런 그의 모습에 사장은 매우 감동을 받았다.

그 후 몇 달이 지나고 모두의 노력 끝에 회사는 천천히 난관을 극복했고, 프로젝트를 성공적으로 마친 후에는 회사의 이름이 알려지기 시작했다. 프로젝트의 뒤풀이 자리에서 술에 취한 G 씨는 자신도 모르게 여러 사람 앞에서 회사가 난관에 봉착했을 때 사장이 여러 회사에 전화를 걸어 간청했던 일을 말했다. 사장이 얼마나 처절하게 굴복했는지 너무나도 자세히 이야기하는 통에 주위에 있던 직원들은 난감한 상황이 되었다. 그리고 그의 얘기를 듣고 있던 사장역시 얼굴이 점점 굳어 갔다. 이후 G 씨는 그해의 인사고과의 승진 대상에서 누락되었다. 당시에는 누락된 이유를 알 수 없었지만 시간이 흘러 오랜 경험을 쌓은 뒤 그때의 일을 돌이켜 보며 당시의 경솔했던 자신의 태도를 후회했다.

상사의 체면을
높이는 법

경력이 오래된 상사도 실패를 겪는다. 자신에게 물어보자. 당신이 실패했을 때 난처한 모습을 다른 사람들이 하나하나 들춰내기를 원하는가? 설령 당신이 슬럼프에 빠진 상사에게 큰 도움을 주었더라도 이후 과시할 목적으로 툭하면 그때의 일을 꺼내서는 안 된다. 상사에게 도움을 줬다고 해서 뒷배경이 생겼다고 생각하지 마라.

많은 신입사원이 자신의 재치를 믿고 교만해진다. 그들은 사람들 앞에서 상사의 눈빛, 심미안, 심지어 어떤 정책 결정까지 의심하며 결코 그 뒤에 일어날 일을 생각하지 못한다. 능력 있는 상사 앞에서 자신의 재능을 믿고 교만하게 구는 것은 오히려 자신의 무지와 천박함을 부각시킨다는 사실을 모른다.

부하 직원이라면 상사의 각종 비합리적이거나 불합리한 지시를 견뎌야 할 뿐만 아니라, 때때로 오해받고, 훈계 당하고, 억울한 일을 당할 수도 있다. 하지만 공공장소에서의 말대꾸는 피하자. 그렇지 않으면 의심할 여지 없이 직장에서의 금기를 범하는 것이 된다.

일의 시비가 모호할 때는 먼저 냉정함을 찾고 분위기를 살펴라. 일의 진상이 밝혀진 후, 상사가 당신을 오해한 것을 깨닫게 되면 어쩔 수 없이 당신의 냉정함과 인내심에 깊은 인상을 받을 뿐만 아니라, 심지어는 당신을 달리 보고 더욱 발전할 기회를 줄지도 모른다.

마음이 편협하고 시야가 좁은 직원이 되지 않도록 하라. 수시로 성질을 부리고 툭하면 상사에게 말대꾸하는 것은 당신의 커리어를 차단할 뿐이다. 상사 또한 사람이다. 언제 어디서나 리더의 체면을 세워 줘야 한다.

경쟁력을 키우기 위해선

|

강점 파악이 먼저다

어떤 이는 직장에서 중요한 것이 '능력'이라고 말하고, 어떤 이는 '자원'이라고 말한다. 또 어떤 이는 직장에서는 감각이 조금만 떨어져도 기회가 헛되이 날아간다고 말한다. 실제로 이것들은 모두 성공으로 향하는 필수조건이지만 직장에서의 생존 법칙은 아니다.

직장에서 생존 법칙은 자신의 장점을 정확히 파악해 개발하고, 단점을 피하는 것이다. 그래야만 두각을 드러낼 수 있다. 주변에 일 잘하는 사람들을 떠올려 보면, 장점과 단점이 똑같이 분명하게 보인다.

중국 드라마 〈환락송〉 중에 부잣집 여주인공 취샤오샤오는 백화점에 GI 브랜드의 중국 대리점을 열기를 원했다. 그녀의 어설픈 영어 실력과 반쪽짜리 전문지식은 조건이 좋은 다른 경쟁자와 비교했을 때 역부족이었다. 게다가 그녀는 경력이 없어 업계의 다른 선배들이 봤을 때 근본적으로 무대에 올라 담판할 자격이 없었다. 하지만 그녀는 자신감을 잃지 않았다. 비록 자신이 백화점 업계에 익숙하지는 않지만, 충분히 주변의 인맥을 빌려 지도받을 수 있을 것이라 생각했다. 그녀의 아버지는 경험이 노련한 사업가인데, 그녀에게 이 프로젝트를 따고 싶다면 잠시 손해를 좀 봐도 된다고 일러 주었다. 주변 사람들의 도움과 지도로 그녀는 과감히 대리점을 열 수 있었다. 이후 그녀는 전문지식이 부족하다는 단점을 장점이었던 대인관계로 극복했다. 더 많은 새로운 비즈니스 파트너를 사귀기 위해 피곤함도 마다하지 않고 쉴 새 없이 식사 자리로 달려나갔다. 평소 일이 없을 때, 그녀는 회사 직원들과 어떻게 관계를 잘 맺을 수 있을지, 어떻게 모두에게 더 열심히 일하도록 격려할 수 있을지 궁리했다.

성공의 비밀은
자신의 장점에 있다

"사람들은 모두 범재이지만, 또 모든 사람은 천재일 수 있다."라는 좋은 글귀가 있다. 만약 자신의 장점을 충분히 발휘할 수 있다면, 당신은 사람들 눈에 인정받는 천재가 될 수 있다. 그러나 그저 자신의 단점에만 집중한다면 범재에 머무를 것이다.

많은 초보 직장인은 자신의 강점은 잘 알아채지 못하고, 자신의 단점 때문에 고민하며 괴로워한다. 그래서 점점 더 예민해지고 열등감이 심해져 고통스러워한다. 비록 경험이 많은 직장인이라도, 스스로 평가할 때면 자신의 부족한 점, 실수, 단점 등에 집중한다. 그리고 긍정적인 면에 대해서는 크게 신경 쓰지 않는다.

자신을 지나치게 경시하는 것은 커리어를 쌓는 데 반드시 부정적인 영향을 미친다. 당신이 해야 하는 것은 전면적으로 정확하게 자신을 평가하는 것이다. 직장에서의 커리어가 순풍에 돛을 단 것처럼 순조로운 사람들은 대부분 처음부터 자신에게 다음과 같은 몇 가지 질문을 던졌을 것이다.

"나에겐 어떤 장점이 있을까? 나의 일에 이런 장점을 사용할 수 있을까? 어떻게 하면 나의 이점을 최대한 활용할 수 있을까?"

마음을 열고 자신의 장점을 스스로 밝히고 설파하기 위해선 많은 인내심과 용기가 필요하다. 우리는 성과분석 법칙을 통해 자신의 장점을 발굴해 낼 수 있다. 노트를 꺼내 과거에 거뒀던 성과들을 열거해 보라. 예를 들어 혼자서 완성한 프로젝트 기획안을 상사에게 인정받았다든지 하는 것들이다.

성공 원인을 분석하고 장점을 찾기 위해서는 자신의 내면을 깊이 들여다볼 수 있어야 한다. 예를 들면, 당신의 기획안이 출중한 원인은 문필이 뛰어나고 사고가 분명해서이기 때문이다. 그리고 주제

선정이 좋다는 칭찬을 받았다는 것은 창의성이 있다는 얘기다.

이어서 이러한 장점을 가진 원인을 다시 분석해 보자. 이것은 자신을 더 정확히 알고, 이 장점을 유지하고 확장하기 위해서다. 뛰어난 문필과 논리적인 사고 능력은 평소에 책을 즐겨 읽고 생각하길 좋아하는 습관에서 기인한다. 창의력이 뛰어난 것은 경쟁 업체의 정보와 트렌드에 대한 관심과 무관하지 않다.

여기서 나아가 자신의 장점을 분류할 줄 알아야 한다. 타고난 장점이 있는가 하면, 배워서 얻는 것도 있다. 어떤 장점이 키울 가치가 있는지, 그다음은 무엇인지 알아야 한다. 그리고 이러한 장점을 바탕으로 무슨 일을 할 수 있는지 가늠해 본다.

먼저 장점을 정확히 찾아서 자신이 크게 빛을 발할 수 있는 분야를 정하고, 다음에 그 분야에서 요구하는 업무 기술을 갖춰서 자신의 잠재력을 북돋기 위해 노력한다. 이것이 장점을 극대화하는 방식이다. 필요하다면 상사와 협의하여 가능한 한 잘할 수 있고 쉽게 성과를 낼 수 있는 자리를 선택하여 자신의 핵심 경쟁력을 빨리 키워 가야 한다.

직장에서 빠르게 승진하는 사람들은 어떤 사람들인가? 그들 대부분은 실력과 자신감으로 가득 차 있다. 그리고 장점을 명확하게 인식하고 있다. 만약 당신이 언변이 좋다면 그 점을 잘 활용해 고객을 설득하고 업무를 확장시켜라. 만약 당신이 성실하고 실행력이 좋다면, 기술 관련 부서에서 최선을 다하고, 전문 기능을 향상시키려고 노력하라. 자신의 장점을 제대로 알고 열심히 개발하는 것이 단점에만 집중하는 것보다 더 현명하다.

문제를 해결하는

현명한 소통 법칙

한때 인터넷에 프로그래머와 제품 매니저가 싸우는 동영상이 널리 퍼진 적이 있었다. 동영상에는 두 사람이 서로 뒤엉켜 몸싸움하고 주변에 구경하는 동료들이 가득했다. 이 일이 벌어진 원인은 인터넷 회사의 제품 매니저가 프로그래머에게 앱의 테마 색상을 케이스 색상에 따라 자동으로 조정할 수 있게 해 달라고 요구했기 때문이다. 제품 매니저의 요청을 들은 프로그래머는 일순간 당황했다. 그는 제품 매니저의 제안이 자신을 괴롭히기 위한 것이라 받아들였다. 그렇게 쌍방은 다짜고짜 싸우기 시작했다. 그 동영상이 인터넷에서 화제가 된 후, 두 사람은 회사 이미지에 부정적인 타격을 주었다는 이유로 해고당했다.

공교롭게도 그 일이 있고 난 뒤 다른 네티즌이 한 직장 커뮤니티에 자신의 회사 프로그래머도 제품 매니저와 의견이 맞지 않아 싸웠다고 폭로했다. 하지만 이 싸움에 대한 그 회사의 처리 방식은 달랐다. 회사 간부는 당사자들에게 두 가지 선택지를 주었는데, 하나는 두 사람이 자진 퇴사하거나 아니면 두 사람이 오후 내내 손을 잡고 다니는 것이었다. 두 사람은 오랜 생각 끝에 '화해의 손잡기'를 선택했고, 결국에는 편안한 마음으로 차분하게 문제에 관해 이야기하기 시작했다. 이를 보고, 한 네티즌은 댓글에서 그 간부의 문제 해결 방식이 뛰어나다면서 그가 매우 절묘하게 갈등을 해결한 것 같다고 평가했다.

다른 사람과
의견이 상충할 때

직장에서 다른 사람과 의견이 일치하지 않아 가끔 갈등을 빚을 때가 있다. 이는 매우 일반적인 일이다. 이러한 상황에 직면했을 때 효율적이고 우아하게 의사소통을 할 수 있다면 앞서 일어난 몸싸움은 일어나지 않았을 것이다.

저명한 프랑스 사상가 볼테르Voltaire는 일찍이 "나는 당신이 한 말에는 찬성하지 않지만, 당신의 말할 권리를 결사적으로 지켜 준다."라고 말했다. 다른 사람과 의견이 맞지 않을 때는 먼저 감정을 통제하고, 전할 이야기가 있으면 천천히 말해야 한다. 절대 감정적으로

무엇이 인간관계를 힘들게 하는가

다른 사람의 말을 끊어서는 안 된다. 심지어 화를 참지 못해 여러 사람 앞에서 욕을 퍼부으면 안 된다. 낮은 소양만 드러날 뿐이다.

직장에 있는 동안 우리는 이 사실을 반드시 기억해야 한다. 회사는 우리가 이상을 실현하고 가치를 구현하는 곳이다. 의견이 맞지 않아 동료와 크게 싸우면 틀림없이 서로의 낮은 자질만 드러날 뿐이다. 직장이란 정글과 같아서 일을 잘하는 직원만이 오래 살아남을 수 있다.

만약 동료의 요구가 정말 기이하거나 너무 심하다면, 당신은 상대방에게 문제를 완곡하게 지적해서 퇴로를 열어 주는 것이 좋다. 만약 모두의 마음이 상했을 때, 당신이 차분하게 일을 처리하고 이해심이 좋을수록 상대방은 자신의 잘못을 더 의식할 수 있다. 만약 상대방이 도가 지나쳤음에도 용서를 구하지 않는다면 먼저 마음을 가라앉힌 후 사실에 근거해 일을 논의해야 한다. 이렇게 누가 옳고 그른지를 얘기한다면 회사의 리더와 기타 군중들은 그 상황을 정확하게 파악할 수 있다.

의사소통 과정에서 상대방의 감정이 격해지면 가능한 한 날카로운 언어로 응수하거나 반박하지 말고, 우선 인내심을 갖고 경청한다. 소통의 본질은 교류다. 소통을 할 때 우리는 전달자나 받아들이는 자의 역할을 맡는다. 전달자로서 우리는 언어와 몸짓으로 자신의 관점과 입장을 명확히 전해야 한다. 받아들이는 자의 역할을 한다면 인내심을 갖고 경청하는 것이 최선이다. 우리가 자신의 의견만 주장하고 타인의 의견을 받아들이지 않는다면 각자 자신의 말만 하는 난감한 상황이 벌어질 것이다. 이런 경우 갈등은 해결되지 않고 오히려 확대되기만 한다. 이럴수록 상대의 말을 자세히 들어야만 요구 사항이 합리적인지 아닌지를 명확하게 판단할 수 있다.

상대방의 말이 끝나고 당신이 말할 차례가 되었을 때, 상대방의 관점을 간단하게 요약하면서 당신이 그의 현재 생각과 심정에 매우 관심이 있다는 것을 알게 하는 것이 중요하다. 이때는 느긋한 말투를 사용해야 한다. 다소 고조된 분위기를 누그러뜨릴 수 있기 때문이다. 절대로 당신의 관점과 상대방의 관점을 비교하지 마라. "나의 관점이 비교적 합리적이고, 당신의 관점은 말이 안 된다." 이렇게 말하는 순간, 당신의 오만함은 분위기를 더욱 날카롭게 만들 것이며, 쌍방의 미움은 점점 커질 것이다.

또한 상대방의 관점 중 동의하는 부분에 대해서는 인정한다는 표시를 하고, 새로운 정보를 제시해 자신의 발언을 보충한다. 서로 감정적으로 비슷한 부분이나 배후에 있는 공통된 목표를 적극적으로 찾아내라. 만약 공통된 목표가 없다면 새로운 목표를 만들어내라. 이렇게 해야 서로가 만족하는 상황을 만들 수 있다. 공평하게 말하고, 공통된 의견을 구해야 갈등을 완화할 수 있다.

무엇이 인간관계를 힘들게 하는가

무엇보다 중요한 것은 문제를 원만하게 해결하고 싶다는 기초 위에 모든 진술을 해야 한다는 것이다. 개인의 감정과 느낌을 지나치게 표현해서는 안 된다. 이렇게 차분히 이야기를 하다 보면 점차 상대방도 당신의 요구를 적극적으로 받아들이게 된다.

만약 직장에서 '진짜 소인배'를 만나게 되면 원치 않게 물고 뜯어야 할 수도 있다. 이때도 다투기 전에 분명히 생각해 봐야 한다. '한 번에 문제를 분명히 밝힐 수 있는가? 아니면 다투고 나서 현 상황을 바꿀 수 있는가? 아니면 그냥 이 현상을 받아들여야 하는가?' 최대한 맑은 정신으로 목표를 명확히 하는 것이 중요하다. 그것이 도리에 맞고 근거가 충분하다면 문제는 우아하게 해결될 것이다.

직장 내 실력자와는 적이 되는 것을 피한다

또 하나, 당신과 갈등을 일으키는 대상이 직장 내 실력자일 때다. 그들은 경력이 풍부하고 인맥이 넓다. 이런 상황에서는 좀 억울할지라도 울분을 참고 최대한 부딪히지 않는 것이 좋다. 분수를 아는 사람은 진정으로 실력 있는 사람과 적이 되는 것을 피한다.

일본 미스터리 의학 드라마인 〈언내추럴Unnatural〉에서 법의관인 미스미 미코토는 직업 정신이 투철한 법의학자다. 그녀의 동료인 나카도 케이는 말이 적고 항상 자기 멋대로 행동해 미코토와 끊임없이 부딪쳤다. 한번은 퇴근하기 전에 임무가 하나 들어왔는데, 케이는 당연히 이것을 미코토의 일이라 여기고, 작업복을 벗고 떠나려고 했다. 미코토는 화가 나서 왜 매번 자신이 담당해야 하는지 억울함을 토로했다. 케이는 냉정한 얼굴로 미코토의 업무 성과가 어떤지 되물었다. 이어서 그는 조용히 자신의 몇 년 동안의 성과를 말했다. 미코토는 그 말을 듣자마자 김이 빠졌다. 자신의 경력이 절대 케이에게 미칠 수 없음을 깨달았기 때문이다.

직장에서의 대인관계는 자신의 이익을 보호함과 동시에 동료와의 소통을 강화하는 데 중점을 두어야 한다. 갈등에 부딪치게 되면 자신의 감정을 통제하고 직장 내 우정을 유지하는 데 주의하여야 하며, 일치하는 점은 취하고, 다른 점은 잠시 내려놓는 방식으로 갈등을 희석시켜라. 그리고 동시에 자신의 입장을 잃지 마라. 이것이야말로 분수를 아는 직장인의 처세술이다.

우아하게

|

누명을 벗는 법

중국 드라마 〈환락송〉에는 이런 장면이 나온다. 동료 미쉘이 실수를 했는데 관쥐얼이 연루되어 누명을 쓰게 되었다. 관쥐얼은 계속 억울함을 토로한다. 그때 앤디가 나타나 왜 이런 일이 생겼는지 원인을 분석해 보자며 관쥐얼에게 이렇게 말한다.

"직원의 본분은 바로 일입니다. 당신의 상사는 당신과 미쉘 사이에 무슨 일이 있었는지는 상관하지 않습니다. 그리고 이 일을 도대체 누가 했는지도 신경 쓰지 않습니다. 당신이 미쉘에게 인수인계할 때, 이전의 내용을 제대로 읽어 보지 않았다는 것은 이해했습니다. 하지만 마지막 페이지에 서명을 했다는 것은 당신이 이 일에 책임을 져야 한다는 것을 의미합니다."

사람이 있는 곳은 모두 강호라고 불리지만, 직장이라는 강호는 더욱 파도가 심하고 예측하기 어렵다. 분수를 아는 사람들은 누명을 쓰지 않기 위해서 항상 각종 지혜로운 대응책을 생각해 낼 수 있다. 하지만 직장 내 '초짜'들은 몇 번이고 다른 사람에 의해 도마 위에 올라가도 어떻게 해야 할지 알지 못한다. 위의 이야기를 통해 알 수 있듯이 직장에서 우아하게 누명을 벗는 법을 배울 필요가 있다.

직장에서의 실수는 대부분 책임을 묻기가 참 어렵다. 예를 들어 동료가 부탁해서 서류 한 통을 작성했는데, 당신이 잘 처리하지 못했다면 그것은 당신의 책임인가, 아니면 동료의 책임인가? 만약 당신이 아주 멋지게 완성했다면, 공로는 모두 당신에게 돌려야 하는가?

이러한 일들 때문에 옥신각신하고 논쟁하다 보면, 서로 간의 갈등이 격해지기 쉬우며, 심지어는 관계가 틀어질 수도 있다. 따라서 누명을 쓰는 것을 피하려면 반드시 다음과 같은 원칙을 따라야 한다.

첫째, 권한 밖에 있는 일에 대해선 당신이 결정을 내리지 마라. 함부로 결정을 내렸다가 당신이 그 일에 관해 모든 것을 책임져야 할 일이 생긴다. 의견을 내고 싶다면 그 권한과 최대한 관련이 있는 사람과 충분히 의논한 뒤 자신의 견해를 조심스럽게 밝혀야 한다.

둘째, 회사의 규칙과 제도에 따라 일을 처리하며 업무 과정을 문

무엇이 인간관계를 힘들게 하는가

서나 파일로 남겨야 한다. 예를 들어, 동료와 공동으로 기획안을 완성하고 인수인계를 할 때 상대방에게 "당신이 완성한 그 부분의 작업을 먼저 서류에 정리하고 나서 저에게 한 부 보내 줄 수 있겠습니까?"라고 일러 주어도 무방하다. 이것은 구두로 인수인계를 하다가 무언가가 누락되거나 실수가 생기지 않도록 하기 위해서다. 문서를 보관하는 동시에 상사에게도 한 부 보내도 좋다. 이렇게 하면 리더는 업무 진행 과정을 일목요연하게 알 수 있다. 이럴 경우, 나중에 어떤 부분에 문제가 생겨도 할 말이 생긴다.

셋째, 동료에게 업무 내용을 전달할 때도 즉시 카톡이나 메일 등을 통해 상대방에게 다시 한번 알려 줘야 한다. 많은 신입사원이 이 점에서 실패한다. 그들은 분명히 이미 서류를 동료에게 전달했는데, 상대방이 때때로 서류 받는 것을 까먹거나, 각종 이유로 서류를 잃어버렸다고 핑계를 대고 자신이 받지 않았다고 하면 공연히 자신만 혼나는 상황이 발생한다.

넷째, 중요한 업무를 맡게 되면 독단적으로 할 것이 아니라 누군가와 함께 협업하라. 그렇게 하면 업무를 수행하는 중에 어떤 실수가 생겨도 나를 대신하여 증언하는 사람이 있을 것이고, 이로 인해 누명을 쓰지 않을 것이다. 물론, 권한에 대한 부분은 회사 서류에 확실히 규정되어 있지 않을 수 있으니, 모든 것을 직속 상관의 명령에 따라야 한다는 것을 명심해야 한다. 만약 어떤 업무가 돈과 관련되어 있다면 반드시 상사에게 많은 도움을 구해야 하며, 동료의 부추김과 홧김에 스스로 결정하면 안 된다. 큰 금액을 다룰 때는 반드시 사장의 서명을 받고 집행해야 한다.

동료가 도와달라고 할 때
어떻게 해야 할까?

동료가 도움을 요청할 때 대부분은 책임을 져야 하는 부담 때문에 강경하게 거절한다. 그러나 당신이 알아야 할 것은 같은 직급의 동료끼리 서로 돕는 것은 정상적인 일이다. 마찬가지로 당신도 언젠가 동료의 도움이 필요한 순간이 올지도 모른다. 그러니 면전에서 거절해 나중에 그에게 도움을 요청할 기회를 놓쳐서는 안 된다.

그렇다고 매번 좋은 사람이 되어 항상 다른 사람의 실수를 처리해 줄 필요는 없다. 분수를 아는 사람은 상대방이 납득할 수밖에 없는 이유를 생각해 내서 부드럽게 거절하는 법을 안다.

한 동료가 F 씨에게 계획서 쓰는 것을 도와달라고 부탁했다. 하지만 F 씨는 이 동료가 어떻게 할지 손바닥 보듯 훤히 알고 있었다. 정해진 시간 내에 사장이 만족할 만한 계획서를 완성하지 못한다면, 동료는 대부분의 책임을 틀림없이 그와 나누려고 할 것이었다.

무엇이 인간관계를 힘들게 하는가

F 씨는 잠시 생각한 뒤 동료에게 말했다. "미안해서 어쩌죠. 사장님이 방금 저에게 중요한 임무를 하나 맡겼는데, 이것부터 빨리 끝내야 해서 여유가 없네요. 요 며칠 계속 야근을 하고 있고요. 정말 바빠서 어쩔 수 없겠어요. 아니면 당신이 먼저 작성해 보고, 제가 이 일을 다 끝내고 나서 시간이 있으면 최대한 도와드릴게요. 어떠신가요?"

직장에서 일할 때는 반드시 선을 지켜야 한다는 점을 주의해야 한다. 회사 규칙에 위반되고 이익에 해를 끼쳐서는 안 된다. 절대로 감정적으로 일을 해서도 안 된다. 때때로 자신도 모르게 억울하게 책임을 지는 일을 당하면 우울해지기 마련이다. 계속 부정적인 감정에 빠져들면 먹구름에 휩싸인 것처럼 스스로 빠져나올 수 없게 된다. 이때는 좌절감에 빠져 있기보다는 긍정적인 감정을 일깨워 부정적인 감정을 없애려고 노력하는 수밖에 없다. 직장 생활을 몇 달만 하고 끝낼 것이 아니라면 말이다.

신입직원이나 직장 내에서 존재감이 옅은 사람들은 종종 직장에서 누명을 쓴다. 만약 당신도 비슷한 역할을 하고 있다면 현재 당신이 해야 할 일은 자신의 실력을 키워서 사장의 마음속에서 대체 불가한 사람이 되는 것이다. 만약 당신이 회사의 핵심 간부로 승진하는 데 성공한다면, 더는 그런 억울한 일이 생기지 않는다.

직장에서는 대인관계가 복잡미묘하므로 절대 방심해서는 안 된다. 당신이 다른 사람의 잘못 때문에 대신 누명을 쓸 이유가 없다. 우아하게 누명을 쓰지 않는 법을 배워야만, 비로소 직장에서의 경쟁 속에서 마지막에 웃을 수 있다.

도움을 주고받는

|

적절한 기준

한 선배는 갓 대학을 졸업한 후배에게 '동료를 자주 도와주지 마라'고 당부했다. 그러자 후배는 의아한 표정을 지었다. 동료끼리 서로 돕는 것은 당연하기 때문이다. 선배는 의미심장하게 말했다.

"직장에서는 분수를 파악하는 것이 가장 중요해. 동료를 도울 일이 많아진다고 해서 자신을 발전시키는 데 도움이 되는 것은 아니야. 오히려 번거로워질 수 있어."

시간이 흐르고 나서야 후배는 이 말의 뜻을 알게 되는 일을 겪었다. 그녀가 직장에서 가장 잘하는 업무는 파워포인트 문서를 만드는 것이었다. 팀장은 그녀에게 번번이 "배경을 어쩜 이렇게 잘 만드냐!"라고 칭찬했다. 그녀의 문서 작성 스킬은 항상 칭찬을 받았으며, 동료들의 각종 요구가 빗발쳤다. 그녀는 열정적이어서 사람들 돕는 것을 매우 좋아했다. 하지만 시간이 지나자, 그녀는 서서히 주변의 요청이 불편해지기 시작했다. 매일 해야 하는 업무도 많은데 그녀는 여전히 많은 시간을 이런 허드렛일을 하는 데 할애해야 했다.

한번은 그녀가 밤새도록 동료를 도와 파워포인트를 만들었는데, 상대방은 오히려 그녀가 건성건성이며 꼼꼼하지 못하다고 불평했다. 그녀는 갈수록 힘들어져서 본업조차도 제대로 하기 어려운 지경이 되었다. 결국 더 이상 아무런 기준 없이 다른 사람을 도우면 안 된다는 것을 뼈저리게 깨달았다.

다른 사람을 도와주면 보통은 인정받고 고맙다는 인사를 받는다. 하지만 원칙 없이, 마지노선 없이 도움을 주면 결과는 오히려 참담할 수도 있다. 성의를 다해 다른 사람을 도왔는데, 오히려 상대방은 호의를 당연시할 수 있다. 호의가 계속되면 권리인 줄 안다는 말처럼 말이다. 당신이 더는 이런 끝없는 요구를 감당할 수 없어 어쩔 수 없이 거절하면, 상대방은 당신을 원망할 것이다.

게다가 당신이 동료에게 도움을 주는 모습이 리더의 눈에 띄게 되면, '매일 다른 사람들 업무를 돕느라 시간에 쫓겨 자기 일은 건성인 거 아냐?'라는 오해를 살 수도 있다. 이런 이유로 갑작스레 업무량이 증가할 수 있다. 하루 종일 바빠 죽을 지경이지만, 없는 시간을 쪼개 다른 사람을 도왔다고 해서 리더에게 공로를 인정받아 상을 받는 일은 기대조차 하지 마라.

도움을 주는 데도
원칙이 있어야 한다

현실적으로 직장에서는 모두가 자신의 이익을 최우선시한다. 당신이 누군가의 일을 도와주면 상대방은 당신에게 좋은 말을 해줄 것이다. 하지만 어느 날 당신이 가치를 잃게 된다면, 한순간에 외면당할 수 있다. 그러므로 직장에서 '좋은 사람'이 되는 것은 옳은 선택이 아니다. 물론, 동료 간에 각자 자기 이익만 챙기고, 조금도 서로를 돕지 않는 것도 적절치 못하다. 도움을 주되, 정도와 양을 파악하여 선을 긋고 원칙을 지키며 도와야 한다.

어떤 일은 도와줄 수 있고, 어떤 일은 도와줄 수 없는가? 어떤 사람을 도울 수 있고, 어떤 사람은 도울 수 없는가? 급하게 결정하지 말고, 다른 사람의 요구를 들어주기 전에 자신이 쏟아야 할 시간과 힘을 하나하나 따져 보아라. 얻는 것보다 잃는 것이 많은 일은 하지 않는 것이 좋다.

직장인 D 씨는 회사에서 약삭빠른 사람으로, 평소에 똑 부러지게 사람을 대한다. 그녀는 다른 사람이 그녀에게 도움을 청하는 일이 점차 늘어나자 하나의 원칙을 만들었다. 만약 도움을 청하는 사람이 그녀와 동등하거나 혹은 그녀보다 높은 직책이라면 섣불리 응하지 않고 신중하게 고려한다. 하지만 만약 그녀보다 직급이 낮거나,

혹은 막 입사한 신입직원이라면, 자기에게 주어진 일을 이미 끝냈을 경우에는 대부분 도와준다는 원칙이다.

친구는 그녀의 기준을 이해하지 못했다. 직책이 높은 직원의 요청을 거절하는 것은 옳지 못하다고 생각했기 때문이다. 그러자 그녀는 앞의 경우엔 일반적으로 업무가 비교적 광범위하게 관련되어 있기 때문에 무턱대고 승낙하면 자신의 업무와 충돌이 생길 수도 있고, 혹은 무수한 일을 야기할 수도 있다고 설명했다. 하지만 후자는 대부분 작은 일들이기 때문에 시간을 많이 들이지 않고 가능한 한 도울 수 있으며, 그렇게 하면 회사에서 좋은 이미지를 남길 수 있다고 말했다.

때로 D 씨는 다른 사람들의 요청을 보다 수월하게 거절하기 위해서 바쁜 척을 하거나, 아니면 어수룩한 척하면서 그 일은 잘 모르는 분야라고 말했다. D 씨가 이처럼 숙맥 같은 모습을 보이면 상대방은 자신도 모르게, '이 일을 이렇게 어리바리한 사람에게 맡겨도 될까? 차라리 혼자 하는 게 낫겠다.'고 마음을 고쳐먹었다.

그렇다면 우리가 도와주지 말아야 할 업무를 살펴보자. 절대 동료를 도와 업무 총결산을 쓰거나, 그를 대신해 리더에게 업무 보고를 하지 마라. 동료의 업무 핵심에 대해 당신은 조금밖에 모르고, 그와 상사 사이의 의사소통의 핵심에 대해서는 더더욱 아는 바가 없기 때문이다. 기껏 도와줘도 좋은 소리를 듣기는 힘들다. 동료는 리더 앞에서 업무로 인한 책임을 당신에게 전가할 수도 있다.

　동료의 업무를 도와줄지 말지는 깊이 생각해 볼 문제다. 많은 일을 도와줄 바에는 도와주지 않는 것이 낫다. 동료를 도울 시간이 있다면 보다 더 자신의 업무에 열중해야 한다. 물론 우리도 모든 일에 동료의 도움에 의존하지 말아야 한다. 마윈의 말처럼, 왜 다른 사람이 당신을 도와야 하는가? 도와주지 않는 것이 정상이다. 모든 사람은 각자의 업무를 하며 직장에서 자신에게 주어진 길을 잘 걸어가면 된다.

서로의 관계를

|

망치는 '게 효과'

직장 내에는 '게 효과'가 존재한다. 바구니에 게를 담는데 만약 바구니에 한 마리만 넣으면 그것은 빠르게 바구니를 기어 나와 도망칠 수 있다. 바구니 안에 게를 많이 넣으면, 어떤 게는 빠르게 기어오르고, 어떤 게는 천천히 기어오른다. 느리게 기어가는 게는 앞서가는 게의 다리를 힘껏 잡아당기고, 앞서가는 것은 아래의 게를 힘껏 걷어차서 누구도 기어나갈 수 없게 된다. 이것이 바로 '게 효과'이다.

직장에서는 직원들이 게처럼 서로의 뒷다리를 잡아당기면서 앞길을 막고 심지어 서로 배척하는 일도 아주 많다. 만약 당신 주변에도 이렇게 서로 망치기를 좋아하는 동료들이 존재하거나, 혹은 당신 자신도 일찍이 그런 일을 한 적이 있다면, 시간이 흐르고 나면

무엇이 인간관계를 힘들게 하는가

모두 이런 기형적인 경쟁 속에서 핵심 전력을 상실하고, 영원히 직장의 가장 밑바닥에 남게 된다는 걸 알고 있을 것이다.

어떤 사람이 말하길, "직장에서는 한 편의 연극을 잘 올릴 수도 있고, 망칠 수도 있습니다."라고 했다. 팀워크를 다져 잘 완수할 수 있는 임무를 누군가 계략을 써서 망친 탓에 결국 모두가 실패를 맛볼 수 있다. 반대로 원래 승산이 별로 없던 일을 다시 한번 누군가가 흥을 돋우고, 필사적으로 동료를 이끌고 가면, 그 결과는 상상 이상의 것을 만들어낸다.

해체형 동료 vs 건설형 동료

무대를 망치길 좋아하는 사람들은 일반적으로 세 가지 특징이 있다. 일을 하기 전에 아무것도 알지 못하고, 일을 하다가 걸핏하면 손을 놓고, 일을 마치면 제갈량이 되어 꼬치꼬치 트집을 잡는다. 이런 사람들과 팀을 이루어 공동으로 어떤 임무를 수행하고, 사전에 방안과 기획에 관한 토론을 할 때면 그들은 항상 시야가 좁아서 전반적인 국면을 보려 하지 않는다. 설령 당신이 꼬치꼬치 캐물으며 "어떻게 생각하나요? 당신의 의견을 말해 보세요. 보완하고 싶은 부분이 있습니까?"라고 말해도, 그들은 여전히 마음 좋은 노인처럼 "아주 좋아요, 다 괜찮습니다."라고 말한다. 그런데 일을 마치고 나면 오히려 사장에게 당신이 제멋대로라고 고자질한다.

구체적인 실행 과정에서 그들은 걸핏하면 넋이 나간 것처럼 대충대충 넘어가면서 일을 질질 끌고, 시원스럽게 하지 못한다. 그리고 마지막에 점검을 하다 문제가 좀 생기면 어디선가 튀어나와 "내가 애초에 이러면 안 된다고 했는데, 내 말을 들었어야지! 이건 어쩔 수 없네. 그냥 그만두자. 만약 다시 하려거든 나를 끌어들일 생각은 하지 말고 당신들이 알아서 해 봐."라고 말한다. 이들은 '해체형 동료'이다.

이와 반대로 건설형 동료가 있다. 건설형 동료는 침착하게 적극적으로 다른 사람의 일에 협력하며, 다른 사람의 일을 잘 도와주고 공로를 다투지 않는다. 그들은 뒤에서 이러쿵저러쿵 논하지 않고, 다른 사람과 암암리에 경쟁하지 않으며, 오히려 묵묵히 힘을 축적하여 개인의 발전을 쟁취한다. 이런 사람들은 종종 치열한 경쟁 속에서 두각을 드러낸다.

A 씨와 B 씨는 같은 과의 간호사로 업무상 긴밀하게 연결되어 있다. 두 사람은 후임에게 일을 인계할 때 상대방의 업무상 실수를 발견하기도 하는데 한번은 B 씨가 A 씨의 근무일지가 기록되어 있지 않은 것을 발견하고 몰래 웃으면서 즉시 핸드폰으로 사진을 찍어서 간호사 단톡방에 올렸다. 그리고 평소 A 씨의 업무에 약간의 실수가 생기면 그녀는 일부러 큰 소리로 외치기도 했다. 하지만 A 씨는

이런 일에 아랑곳하지 않았다. B 씨가 더욱 이상하게 생각한 점은 A 씨는 자신의 쾌씸한 행동에도 똑같이 보복하지 않았다는 것이다.

한번은 A 씨가 B 씨를 한쪽으로 끌고 가, 앞서 B 씨가 조제해 놓은 약을 가리켰다. B 씨는 너무 놀라 입을 틀어막았는데 알고 보니 그녀가 실수로 두 종류의 약품을 혼동해 놓은 것이다. A 씨는 그런 B 씨의 어깨를 다독이며 단호하게 말했다. "안심해. 내가 이미 다시 약을 조제해서 병실로 보냈어. 다음에는 이런 실수를 하지 않도록 주의해."

이 일 후에 B 씨는 자신의 행동을 깊이 반성했다. 그녀는 A 씨와 함께 공부하며 격려했고 연말에 둘은 모두 우수 간호사로 선정되었다.

동료 간에 서로의 체면을 세워 주고 도와주면서 두각을 나타내야 화목한 팀워크를 이룰 수 있다. 만약 우리 모두가 개인의 이익을 따지지 않고 적극적으로 동료에게 도움을 줄 수 있다면, 동료가 잘못을 저질렀을 때 그 실수를 완곡하게 지적하고 보완할 수 있도록 도와준다면, 점점 상대방도 우리를 함께 도와주고 적극적으로 응원할 것이다.

우리는 팀 내에서 자신의 위치를 정확히 찾아야 하며, 직권 범위 안에서 반드시 해야 할 의무와 권리를 파악하고, 주어진 임무를 훌륭하게 완수해야 한다. 당신의 귀중한 시간과 힘을 다른 사람의 일을 방해하는 데 낭비하지 마라.

직장에서 불화를 일으키는 사람들은 결국 자신을 욕되게 한다. 그들은 종종 경쟁에서 도태되고 흔적도 없이 회사에서 사라질 수 있다. 반면, 분수를 알고 마음이 넓은 직장인은 화목하고 질서 있는 팀워크 안에서 점점 더 열정적이고 재빠른 직장 엘리트로 성장해 갈 것이다.

작은 것을 탐하다가

|

큰 것을 잃는다

아마 주변에 이런 동료가 있을 것이다. 팀워크를 다지기 위해 작은 것을 요청하러 갔더니 오히려 조건을 달고 요구 사항을 말한다. 혹은 함께 완성한 프로젝트에 사장이 표창할 때 자신의 공헌을 과장하고 다른 이의 공로는 폄하한다. 가장 싫어하는 동료 유형을 꼽으라면 이처럼 작은 이익을 탐내는 동료가 제일 먼저 선택될 것이다.

동료는 서로 협력하고 경쟁하는 관계다. 당신이 곳곳에서 남을 속여서 이득을 보거나 자기 잇속을 채우는 데만 급급하다면 인간관계를 파괴하고, 자신을 적으로부터 공격받는 처량한 처지에 밀어 넣는 꼴이 된다. 그리고 이런 사람은 승진 기회를 얻기도 힘들다.

한 국영기업에 근무하는 E 씨는 막 입사했을 때만 해도 사람들에게 사랑을 받았다. 하지만 반년이 지난 지금은 사뭇 달라졌다. 한 연회에서 그녀는 모두가 나누어야 할 작은 선물을 가로채서 몰래 본전을 챙겼다. 또 한번은 E 씨와 다른 동료가 함께 문서를 작성하고 있었는데 그녀는 일을 하다가도 전화로 수다를 떨거나, 동영상을 보면서 일에 전념하지 않았다. 결국 동료가 며칠 야근을 해서야 비로소 E 씨가 맡은 부분까지 완성해 일을 마무리할 수 있었다. 서류는 매우 완벽했고, 사장은 크게 칭찬하였다. E 씨는 때를 놓치지 않고 적극적으로 어필하며 사장의 기분을 맞췄다. 같이 일한 동료는 E 씨의 얄미운 행동에 분개했으며, 나중에는 사장 역시 그녀의 얄미운 행동과 태도를 간파하게 됐다.

작은 이익을 탐하는 것은 앞길을 막는 행동이다

직장에서 분수를 아는 사람은 자신이 취할 영광이 아닌 것에 절대 득을 볼 생각을 하면 안 된다는 것을 알고 있다. 그리고 자신의 노력으로 얻지 않은 이익은 가로채지 말아야 하는 것도 알고 있다. 자신이 생각해 낸 아이디어가 아니면 자신에게 공을 돌리지 말아야 한다.

평소 일할 때 필요한 각종 도구나 자료는 출근 전에 미리 준비하고 다른 사람의 것을 쓸 생각을 하지 마라. 한두 번은 그럴 수 있으

무엇이 인간관계를 힘들게 하는가

나, 횟수가 많아지면 아무리 마음이 넓은 사람이라도 불쾌해질 수 있다. 특히 함께 즐기며 지출한 비용은 반드시 자신의 몫을 정확히 계산해서 그때그때 돌려주어야 한다. 다른 동료가 당신에게 무언가 선물을 건넸으면, 예의상 당신도 해야 한다는 것을 기억하라.

작은 이익을 탐하는 것은 단지 물질적인 측면만 말하는 것이 아니다. 자신이 한가하다는 이유로 다른 동료의 시간을 축내는 것도 역시 다른 사람을 배려하지 않는 태도다. 어떤 사람은 자신의 일을 다른 사람에게 미루고 여러 가지 핑계를 댄다. 이런 사람은 직장 생활을 오래 하지 못한다. 어떤 신입사원은 끊임없이 개인적인 일로 다른 사람의 시간을 빼앗는다. 분명히 인터넷으로 검색만 하면 알 수 있는 문제인데도, 일부러 달려가서 누군가에게 도움을 청한다. 이런 사람들은 종종 다른 사람의 시간을 낭비할 뿐만 아니라, 다른 사람에게 의존하는 나쁜 습관이 생길 수도 있다. 또한 업무 능력도 당연히 퇴보할 것이다. "시간은 모든 재산 중에서도 가장 귀중하다."라는 말이 있다. 자신의 본분을 다하고 다른 사람의 발목을 잡지 않는 것이 현명한 처사다.

F 씨는 한 회사에 근무할 때 번번이 자신의 업무를 방해하는 동료를 만났다. 열성적으로 상담하던 고객을 가로채기도 하고, 밤을 새워 완성한 파워포인트를 말없이 가져다 쓴 적도 있다. 그는 그 동료를 찾아가 따졌다. 동료는 연신 사과를 했지만 이후에도 달라지지

않았다. 그 후 F 씨는 매일 업무 일지를 작성하기 시작했다. 그렇게 그는 자신과 협업하는 동료의 업무 상황 및 진도를 사실대로 기록하여 매일 마주치는 문제점 및 이후에 취할 조치를 표시하고, 각자의 업무를 분담했다. 통상적인 프로젝트가 완성되면, 그는 이 일지를 총감독에게 메일로 보냈다. F 씨는 이 방법을 다른 동료들에게도 소개했고, '좀도둑' 같던 동료도 자신의 행동에 문제가 있다는 것을 알게 되었다.

 이득을 보기 좋아하는 동료를 만나면, 우리도 F 씨처럼 용감하게 자신의 강경한 태도를 보여 주어야 하며, 동시에 상대방이 이익을 보려 하는 길을 교묘하게 막아야 한다. 업무 중에 교집합이 크지 않고 그리 친하지 않은 동료에 대해서는 단도직입적으로 상대방에게 직접 카드를 내밀어 보여 주는 것도 괜찮다. 예를 들면, 함께 진행해야 할 프로젝트라도 각자 해야 할 몫을 정확히 나눠 분담할 것을 제안한다. 혹은 일부러 상대방에게 도움을 청하는 것도 하나의 방법이다. 예를 들면, 그에게 보고서를 작성해 달라고 하거나, 수시로 그의 업무 자료를 빌려 쓴다. 만약 상대방이 이에 대해 불평한다면, 우리 역시 상대방이 무턱대고 도움을 청할 때 거절할 이유가 생기는 것이다.

 직장에서 호시탐탐 작은 이익을 노리려고 하지 마라. 이기적인

무엇이 인간관계를 힘들게 하는가

마음으로 동료와 어울리는 사람은 소문도 좋지 않고 인맥도 줄어들어 경쟁에서 두각을 보일 수 없다. 작은 것을 탐하다 큰 것을 잃는다는 선인들의 이야기를 귀담아 두자. 시대가 흘러도 이 명언은 언제든 작동하는 교훈이 될 것이다.

다른 사람의 일에

|

그다지 신경 쓰지 마라

어떤 유명 직업 상담사가 한 네티즌에게 쪽지를 받았다. 쪽지에는 "동료들이 제 일에 늘 참견하는데, 어떻게 해야 할까요?"라고 적혀 있었다. 쪽지를 보낸 네티즌은 모 회사의 인사 관리부 직원이라고 했다. 이 부서의 업무에는 직원들의 성과 관리가 포함되어 있었다. 그런데 그의 부서의 한 동료가 계속 그의 업무에 대해 왈가왈부한다는 것이다. 최근에 그는 성과 평가 방안을 기획했는데, 상사가 아직 검사도 하지 않았는데, 동료는 그의 방안을 무시하면서 이전 방식에 맞춰서 다시 해야 한다고 말해 골치가 아픈 상황이었다.

직업상담사는 다음과 같이 조언했다.

"당신의 동료는 분명히 야망이 있습니다. 아니면 이런 식으로 자신의 경영 능력을 연습하고 있는 것 같기도 합니다. 또는 단순히 개

무엇이 인간관계를 힘들게 하는가

인의 허영심을 만족시키기 위해서 그럴 수도 있습니다. 이 상황을 단순하게 생각하면 안 됩니다. 그저 무시할 경우 당신을 상사의 마음에서 멀어지게 만들 수도 있기 때문입니다."

직장에서 어떤 부류의 동료를 싫어하는가? 누군가는 "동의 없이 제 자리에 앉아서 잡담하는 사람을 싫어합니다. 그들은 제 간식을 먹으면서 제 공책을 뒤적거립니다. 정말 무례하다고 생각해요."라고 말한다. 누군가는 "사장님이 분명 저에게 PPT를 만들라고 했는데도 앞다투어 자기가 만들겠다고 하는 사람이 있어요. 정말 나서길 좋아하는 사람이에요. 평소에도 걸핏하면 제가 한 일에 대해 손가락질하는데 자기가 제 상관인 줄 아나 봐요."라고 말한다. 어떤 사람은 "이 팀, 저 팀 돌아다니면서 잡담을 하고 끊임없이 떠드는 사람입니다."라고 말한다.

거리낌 없이
영역을 침범하는 사람들

위 대답을 가만히 들여다보면, 직장인들이 싫어한다고 말한 사람들은 모두 공통된 특징이 있다는 것을 발견할 수 있다. 바로 거리낌 없이 다른 사람의 '영역'을 침범하는 것이다. 누군가는 "사무실이 아무리 투명하고 개방적이어도 넘지 말아야 할 선은 있어야 한다."

라고 토로한 적이 있다.

영역에 대해 가장 깊이 체험할 수 있는 곳이 가정이다. 자신의 동의 없이 타인이 집에 들어오는 것을 용인할 수 있는 사람은 아무도 없다. 그런데 사무실에서는 많은 사람이 이 점을 간과한다. 결국에는 선을 넘어 남의 미움을 받는다. 어쩌면 의아하게 생각할지도 모르겠다. "그게 뭐 대수라고요. 제가 무슨 나쁜 짓을 한 것도 아니잖아요." 하지만 침범당한 사람들이 면전에서 불쾌감을 드러내지 않더라도 마음속에는 깊은 응어리가 생기기 시작한다. 입장을 바꿔 내 영역 안에 누군가 허락 없이 불쑥 들어 온다고 생각해 보라. 분명 기분 좋은 상황은 아니다. 그러니 다른 사람이 일하는 곳은 꼭 필요하지 않다면 함부로 다가가지 마라.

설령 일이 있어 상대방의 사무실에 가야 한다 하더라도 항상 예의를 지켜야 한다. 다른 사람의 책상에 있는 물건을 함부로 건드리지 마라. 다른 사람의 컴퓨터 모니터를 몰래 보지 마라. 당신이 선의에서 한 행동이라 할지라도 동료를 대신해서 일을 끝내서는 안된다. 당신이 호의를 베풀었다고 해도 상대방은 감흥이 없을 수 있고, 또 상대방이 호의를 받아들일지 말지도 알 수 없다. 당신 생각에는 선의라고 여기지만 상대방은 오히려 당신의 의도를 의심할 수도 있다. 그렇다면 이것은 정말 얻는 것보다 잃는 것이 더 많다. 옛사람들의 말이 맞다. "남의 일에 그다지 상관하지 마라." 우리는 자신이 맡은 일만 잘하면 된다.

무엇이 인간관계를 힘들게 하는가

만약 당신이 회사에서 모 부서의 팀장이나 책임자라는 직책을 맡고 있다면 더욱 이 문제에 주의해야 한다. 예를 들면, 당신이 관리하는 부서가 긴급한 업무를 받았는데 일손이 부족하여 다른 부서의 직원에게 도움을 요청하려면 반드시 그 부서 책임자의 동의를 받아야 한다. 평소에 그 사람과 호형호제하는 사이라 해도 이때는 절차를 거쳐서 상대방에게 알려야 한다.

마찬가지로 평사원인 당신이 다른 부서의 관계가 좋은 동료에게 작은 도움을 요청하고 싶을 때는 동료와 동시에 그가 속한 부서의 책임자에게 동의를 구해야 한다. 만약 동료의 책임자가 성미가 비교적 급한데 당신이 그의 동의를 미리 구하지 않았다면, 그는 단지 그의 영역을 유린당하고 있다고 여길 것이다. 공적인 일을 하는데 굳이 개인적인 원한을 살 필요가 없다.

내가 하는 일에 누군가 간섭한다면 어떻게 해야 할까? 만약 당신이 신입사원이며 상대방의 언행이 지나치지 않고 빈번하지 않다면 마음을 편히 가지고 좋은 면을 보도록 하라. 그런데 상대방이 악의적으로 간섭하고 있다면 그것을 저지할 방법을 강구해야 한다. 내버려 두면 안 된다. 중요한 점은 직속 상관의 표면적인 요구와 내포된 요구를 정확히 파악하여 일을 원만하게 처리해 당신의 일에 간섭하는 동료에게 이래라저래라 할 기회를 주지 않는 것이다. 또한 그 동료에게 영역을 침범당하는 사람이 당신뿐만이 아니라면 다른 동료와 연대하여 저항하는 것도 좋은 방법이다.

　직장의 모든 사람은 자신의 직권 범위를 갖고 있다. 우리는 다른 사람의 영역을 존중해야 한다. 어떤 구실이나 어떤 형식으로라도 다른 사람의 직권 위에 군림하려 해서는 안 된다. 만약 당신이 간섭을 받는다면 좀 더 강하게 의사를 표현해야 하며, 동시에 자신의 업무 능력을 부단히 수련하여 리더와와 소통을 강화해야 한다.